常識というものは、
それが古ければ我々を縛りつけ、
それが新しければ我々を解き放つ。

「そんなの、ダメだよ。常識で考えろ、常識で！」

10年間の営業勤務を終え、古巣の宣伝部に課長として返り咲いた佐藤課長（42歳）は、部下の服部君（30歳）の意見に、違和感ばかりを覚えていた。

服部君は、国内外の広告コミュニケーション事例をよく研究していて、とても優秀だとの評判だ。しかし、彼の言うことなすことが、いちいち納得できない。

ひょっとして、自分の常識が古いとでもいうのか？　いやいや、入社の時から10年間、宣伝部で必死に頑張った自分の知見が、たった10年でそう簡単に色褪せるとも思えない。

「USPを直接メッセージするのはやめたい」

「表現を統一したくない」

「わざとわかりにくくしたい」

「商品の良さより、イイ時間を提供しましょうよ」

「ポスターを考える前に仕掛けを考えましょう」

「いかに伝わるかより、いかにつなげるかです」

「極力、演出を避けたい」

「商品名は最後まで出さないほうがいい」

この若者は、いったい何を考えているのだろうか。勉強し過ぎで、考え過ぎているのだろう。

決定的な事態は、「世界最小・最軽量」を実現した商品の広告コミュニケーションを、服部君

Case 00

「ありえない」と感じた部下の意見に、ふと従ってみた日。

に担当させた時にやって来た。当然のように、「世界最小・最軽量」をメッセージの中心に据えると思っていたら……。

なんと、「世界最小・最軽量」では売れない、という。

広告代理店の簡易的な調査で、証明されたらしい。その差別化ポイントではなく、ライバル会社でも言えるある機能を、「消費者のココロのツボ」をつく形で表現したい、のだそうだ。

「そんなの、ダメだよ。常識で……」

と言いかけた佐藤課長の心を、「ひょっとしたら」という想いがよぎった。

「待てよ、調査を見ると、確かに最小・最軽量というメッセージでは買わないと、大部分の人が答えているな」「だったら、服部君の言うココロのツボにかけてみるのも、手かもしれない」「同じような手法で成功している事例も、少なからずあると言うし」

「そうか、だったらその方向で、やってみる。責任は、俺が取る」

言いかけた「ダメだよ」の一言を飲み込んで、そう言っている佐藤課長がいた。

結果として、この商品はよく売れた。その商品カテゴリーで同社初のシェア1位も獲得した。

「あの時俺は、なんで、服部君の意見を採用したんだろう？」

と、佐藤課長は、いまでも振り返る。いや、なんだか、ひょっとして、自分が常識だと思っていたことが、もはや古い常識なんじゃないか？　って、ふと思っただけだったのだが。

プロローグ

◉「広告コミュニケーションの基本」は、激変した

広告の世界ほど、ここ10年ちょっとで激変した世界も、他にないのではないでしょうか。21世紀の広告に求められるものは、前世紀の広告の常識とは、かけ離れたものになったのです。

20世紀末にコピーライターとして広告と格闘していた僕は、多くの厳しいルールを教え込まれました。

「このメッセージは競合商品でも言えるからダメ」

「他社では言えないことをポイントにして！」

「このコピーはわかりにくい。もっと、わかりやすく」

「ターゲットに直接的に届く表現を！」

「テレビCMでは、とにかく、商品を早く出して」

しかし、必死に学んできたそれらの常識は、今はもう役に立ちません。

むしろ、従来の常識からすると信じがたいような「新潮流」が脚光を浴び、古い常識はマイナスに働きかねません。「広告コミュニケーションの基本」が、激変してしまったのです。

実際、広告代理店の社員のなかには、〝浦島太郎〟状態の人も多数存在します。ずっと広告の世界で働いているにもかかわらず、変化があまりに激しいためにツイていけなくなり、いい

仕事ができなくなっているのです。

こうした激変は、ある日突然起こるわけではありません。「20××年1月1日を持って広告の常識は変更になるのでお気をつけください」などと、誰かがアナウンスしてくれるわけでもありません。激変ではありますが、一つひとつの変化は徐々に起こります。だからこそ、気がつかない人は気がつかないままなのです。

◉あなたの知識は、「古い常識」にとどまっていないか?

そうした「古い常識」にとどまってしまう人が存在することは、何も不思議なことではありません。今まで一生懸命に勉強し仕事に励んできた人にとって、その常識はなかなか否定できないもの。人によっては、自分の過ごしてきた時間そのものを、否定されるような気持ちになってしまいます。

また、広告の仕事に詳しくない人も、それはそれで、古い常識にとどまりがちになります。学生時代に聞きかじった知識や、時々実務で関係する内容はもちろん、かつての成功体験をベースに書かれた広告関連本に書かれていることですら、古い常識に基づいているからです。

では、古い常識に絡めとられずにいるには、いったいどうしたら良いのでしょう?

広告の世界の最前線にいて、なおかつ日々新しい情報に一生懸命に接し、海外の事例も勉強し、「新しい常識」に触れ続けるしかありません。そうやって手に入れた新しい常識を、日々の仕事のなかで活用し、絶えず試しながら自分の頭の中を更新していくしかないのです。

しかしそんなことは、普通のビジネスマンには、そうそうできることではないでしょう。

こうした激変をもたらした要因はどこにあるのでしょうか。大きく言って、2つあります。

ひとつは、商品と社会が成熟化したこと。

たとえば、初期の石鹸であれば、「汚れが落ちる」ことが強みになりましたが、今の石鹸はどれもこれも、汚れくらい落とせます。ある時期なら「肌を荒らさずに汚れが落ちる」ことが強みになったでしょうが、今はどれも「肌を荒らさずに汚れが落ち」ます。

それ以外の商品を例にとっても、テレビは20年前よりはるかに美しい映像を見せてくれるし、コンビニで買う飲料も、驚くほどの味のバリエーションを提供してくれるのです。

もうひとつは、デジタルとソーシャルの発達による、消費者の情報接触、コミュニケーション、購買行動の変化です。

消費者が接触可能な情報量は、この10年で500倍以上に増え、人々は「スルーする」ことに価値を見出し、押しつけられる情報には一切興味を示さなくなっています。

一方で、ソーシャルメディアの勃興で、消費者同士のクチコミや評判は、かつてないほどのチカラを持っています。

こんな時代、広告の作り手は、いったい何をすれば良いのでしょうか?

◉「時代遅れ」になりつつある、古い常識＝〈Old Style〉をクローズアップ

「広告が効かない」と言われて、久しく時が経ちました。数年前からセンセーショナルに語り

始められたわけですが、ビジネスの現場では、むしろ今こそ、多くの人が実感を持って〝効かない〟と感じているのではないでしょうか。

僕の目からすると、それは、多くの送り手が「古い常識」にとどまっているからです。古い常識は、〝効かない〟という損害をもたらすのです。

常識に従って一生懸命に広告を作ってみたけれど、どうも効かない。工夫が足りなかったと、さらに一生懸命にやってみるけれど、やっぱり効かない。それは、努力や工夫が足りないのではなく、常識が〝時代遅れ〟の古いものだからです。

本書ではそれらの古い常識を、全8章立てのなかで11の〈Old Style〉としてまとめてみました。読んでみて、「えっ、この常識のどこが古いの？」と感じるようでしたら、大変に危険です！

◉広告の現場を知り尽くし、世界の潮流を長年見てきた立場から伝えたいこと

本書では、この十数年にわたり、実務家の立場から、そして研究者の立場から、広告コミュニケーションの変化を身をもって、そして詳細に見て来た著者が、多くの方にわかりやすく、その変化を伝えていきます。

著者である僕は、日本第3位と第2位の広告代理店で、コピーライターやクリエイティブ・ディレクターを長年務め、現場を知り尽くしています。

そのうえで、国際広告賞の審査員を何度も務め、そこで体感した世界の最先端情報を長年ウ

ォッチング。さらに独自の分析を加えて、日本広告学会を中心に発表し論文化してきました。

２０１１年からは大学教授として教鞭を取りながら、研究を続けています。

広告の世界の最前線で勉強を続けて果敢にチャレンジし、成果につなげている優秀な広告マンたちの「新しい常識」を、僕は、実務家だったときには自ら実践し、研究者になってからもずっとウォッチし分析してきたわけです。

よほど意識していないと容易には手にすることができないこの新しい常識を、多くの人にわかりやすくお伝えしたい。そのうえで、新しい常識に基づいた広告コミュニケーションを企画し実現してほしい、と願って、本書を執筆しました。

◉8つの「効く」メソッドと11の新しい常識＝〈New Style〉に触れてください

この１冊の中に、ここ10年の間に広告の世界で起きた主要な変化を網羅しました。新しい常識を体現し国際広告賞で大きく注目された事例も、数多く紹介しました。これらは、数年前の事例であっても古びることなく、たくさんのヒントを僕たちにもたらしてくれます。

広告の世界の激変は徐々にかつ同時多発的に起こっているため、数年前の事例に潜んでいるヒントでさえ、まだまだ活かされていないのが実情だからです。

今、本書を手にとってくださっている方のなかには、現役の広告マンや広告を発注する広告主の方が多数おられることと思います。

そんなみなさんはおそらく、〝先進事例〟を作りたいわけではないでしょう。

激変する経営環境の中で、ご自身の扱う商品やサービスの価値を高める広告コミュニケーションを必要としているはずです。そういう意味では、本書で扱った多くのトレンドは、今まさに〝使い頃〟を迎えていると言っても良いでしょう。

日本でも、新しい常識に基づいたさまざまなチャレンジが、じわじわとなされ、多くの成果を挙げるようになってきています。

本書では、そういった事例も豊富に紹介しました。さらに、古い常識と新しい常識を対比し、考え方や進行の手順の違いも明示することで、すぐにでも新しい常識をマスターできるよう工夫しました。

それらの事例や対比を参考にしていただき、８つの「効く」メソッドと11の〈New Style〉を、あなたの仕事に取り入れてみてください。

そして、まったく新しい広告コミュニケーション、すなわち「これからの広告」を、ぜひ実現していただきたいと思います。

２０１５年５月　佐藤　達郎

※本書に掲載した事例は、著者が新聞、テレビ、雑誌、書籍、ウェブ上のニュースなどで得た情報をベースにして、独自の手法によって分析・解説したものです。また、本書に掲載したデータについては、特に断りがない場合、２０１５年５月１日現在の情報に基づいています。
※本文中に出てくる「ドラゴンクエスト」は、〈© SQUARE ENIX CO., LTD. All Rights Reserved.〉です。

本書の構成

本書は全8章、11のケーススタディで構成されています。それぞれのケーススタディでは、古いやり方（Old Style）と新しいやり方（New Style）を比較する形で、話を進めていきます。

11のケーススタディの冒頭では、広告コミュニケーションの対象となる架空の新商品や新サービスの事例について、簡単に説明しています。いずれも実際にあった成功事例に基づいて創作しています。

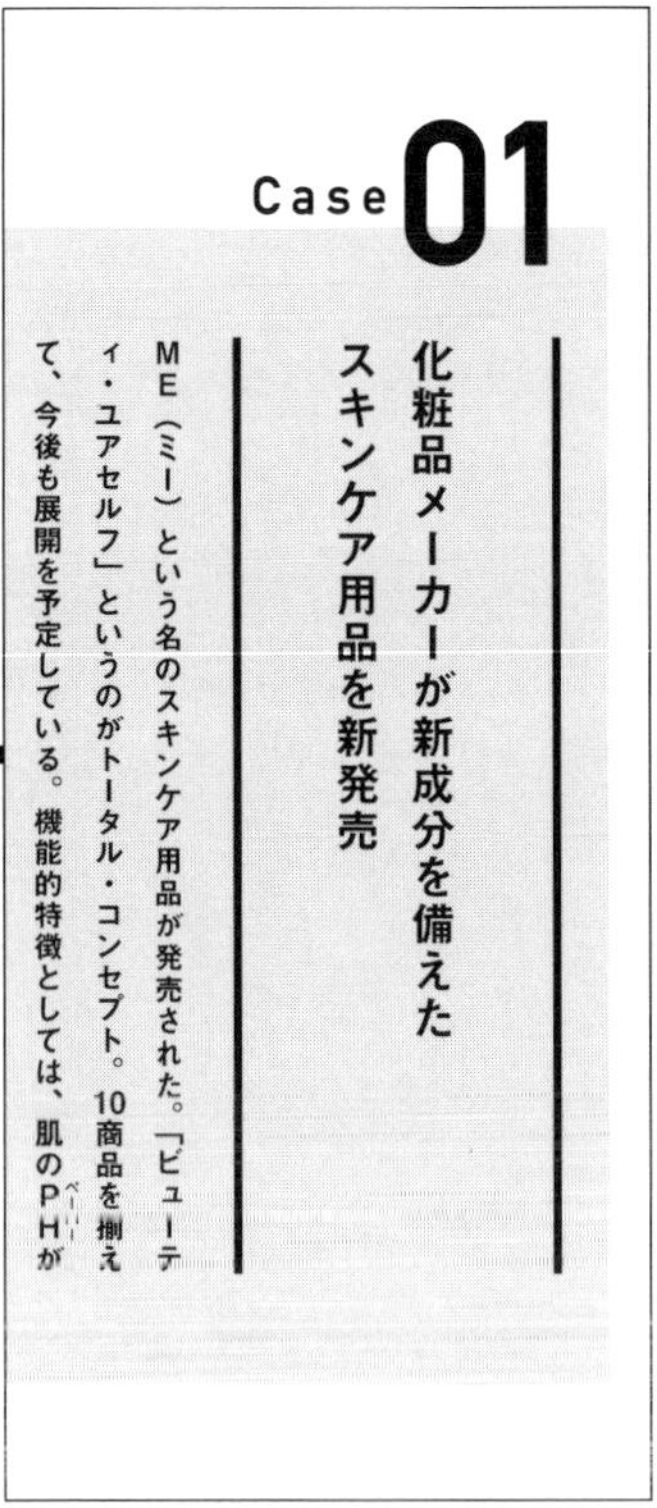

Case 01

化粧品メーカーが新成分を備えたスキンケア用品を新発売

ME（ミー）という名のスキンケア用品が発売された。「ビューティ・ユアセルフ」というのがトータル・コンセプト。10商品を揃えて、今後も展開を予定している。機能的特徴としては、肌のPHが

Old Style の 広告会議

実際にあった成功事例をもとに、架空の広告会議を想定して、古いやり方と新しいやり方を比較します。〈Old Style の広告会議〉は、今から10年以上前の広告制作の現場を再現してみました。

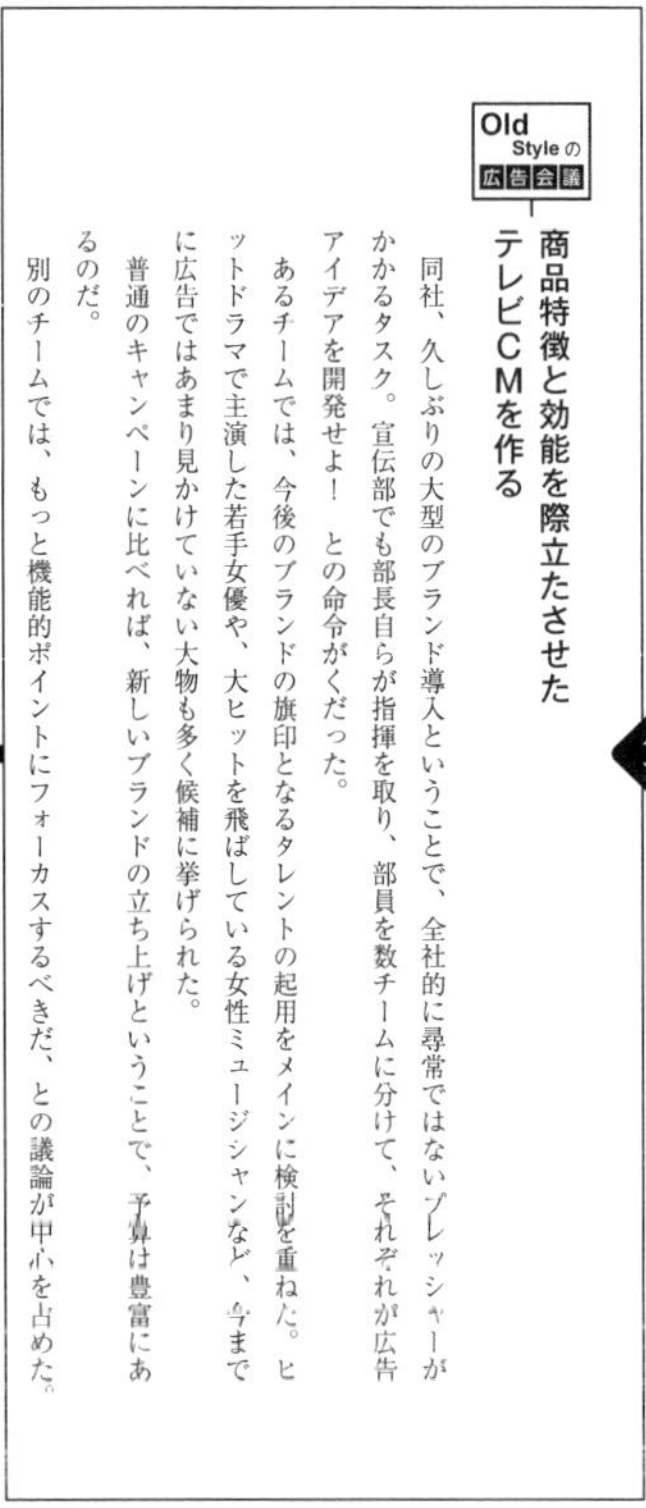

Old Style の 広告会議

商品特徴と効能を際立たさせたテレビCMを作る

同社、久しぶりの大型のブランド導入ということで、全社的に尋常ではないプレッシャーがかかるタスク。宣伝部でも部長自らが指揮を取り、部員を数チームに分けて、それぞれが広告アイデアを開発せよ！　との命令がくだった。

あるチームでは、今後のブランドの旗印となるタレントの起用をメインに検討を重ねた。ヒットドラマで主演した若手女優や、大ヒットを飛ばしている女性ミュージシャンなど、今までに広告ではあまり見かけていない大物も多く候補に挙げられた。普通のキャンペーンに比べれば、新しいブランドの立ち上げということで、予算は豊富にあるのだ。

別のチームでは、もっと機能的ポイントにフォーカスするべきだ、との議論が中心を占めた。

New Style の 広告会議

ここでは、古いやり方（Old Style）と新しいやり方（New Style）で、広告の「伝え方の手順」はどう変わったかを、比較しています。

〈New Style の広告会議〉は、成功事例を作るもととなった広告会議を想定して、今ヒットする広告コミュニケーションを生み出す現場はこうあるべき、という視点で、創作してみました。

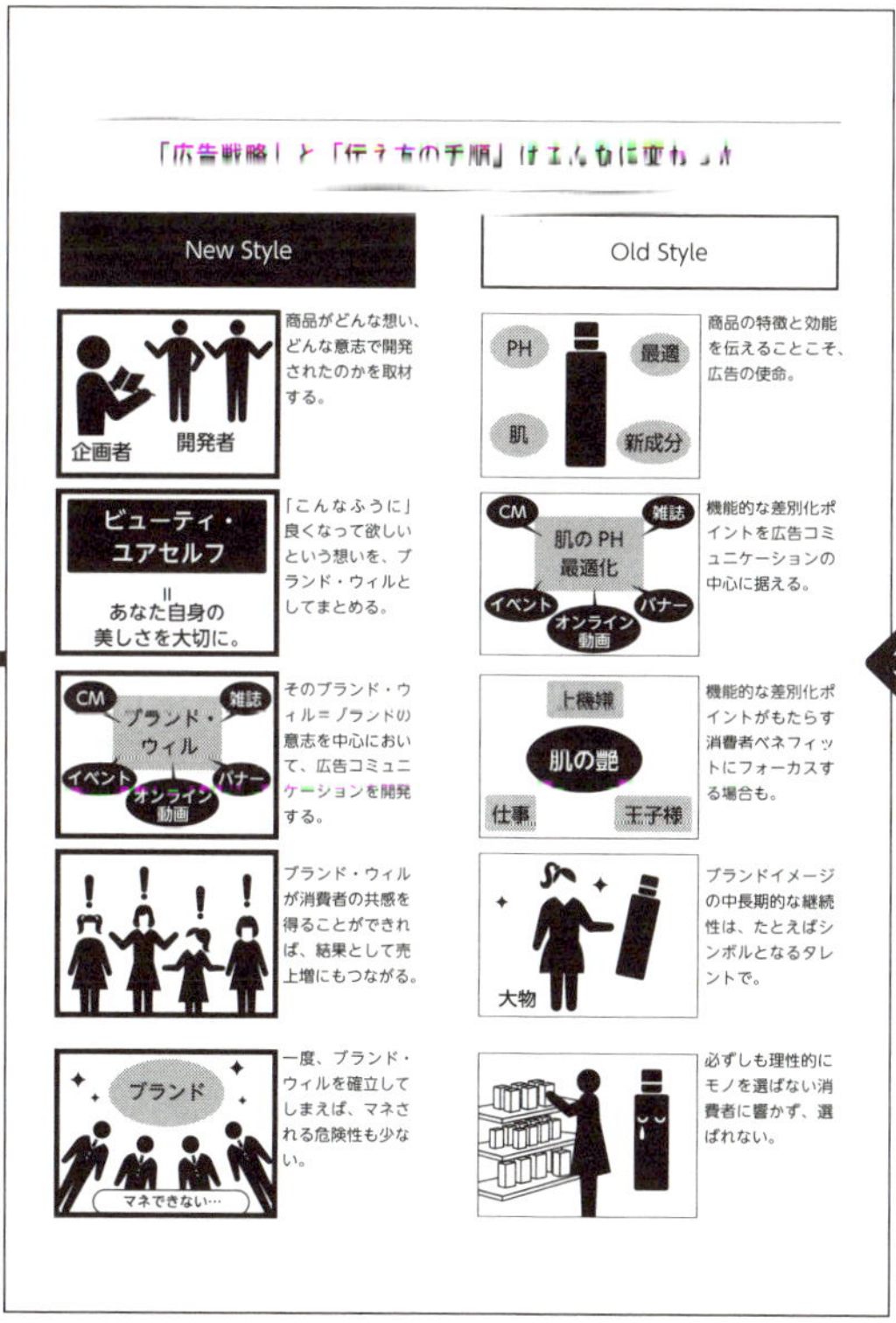
「広告戦略」と「伝え方の手順」はこんなに変わった
New Style
Old Style
企画者
開発者
商品がどんな想い、どんな意志で開発されたのかを取材する。
PH
最適
肌
新成分
商品の特徴と効能を伝えることこそ、広告の使命。
ビューティ・ユアセルフ
＝
あなた自身の美しさを大切に。
「こんなふうに」良くなって欲しいという想いを、ブランド・ウィルとしてまとめる。
CM
雑誌
肌の PH 最適化
イベント
バナー
オンライン動画
機能的な差別化ポイントを広告コミュニケーションの中心に据える。
CM
雑誌
ブランド・ウィル
イベント
バナー
オンライン動画
そのブランド・ウィル＝ブランドの意志を中心において、広告コミュニケーションを開発する。
上機嫌
肌の艶
仕事
王子様
機能的な差別化ポイントがもたらす消費者ベネフィットにフォーカスする場合も。
ブランド・ウィルが消費者の共感を得ることができれば、結果として売上増にもつながる。
大物
ブランドイメージの中長期的な継続性は、たとえばシンボルとなるタレントで。
ブランド
マネできない…
一度、ブランド・ウィルを確立してしまえば、マネされる危険性も少ない。
必ずしも理性的にモノを選ばない消費者に響かず、選ばれない。

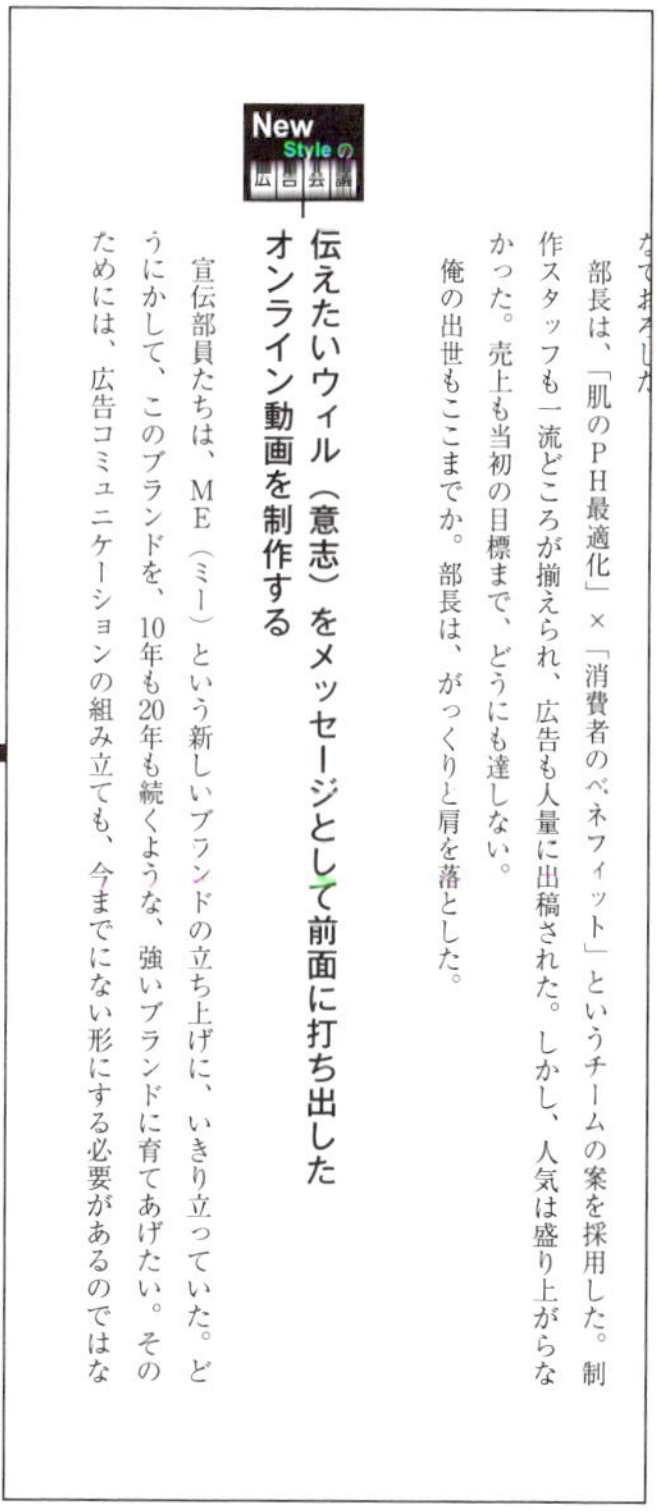
部長は、「肌のPH最適化」×「消費者のベネフィット」というチームの案を採用した。制作スタッフも一流どころが揃えられ、広告も大量に出稿された。しかし、人気は盛り上がらなかった。売上も当初の目標まで、どうにも達しない。
俺の出世もここまでか。部長は、がっくりと肩を落とした。
New Style の 広告会議
伝えたいウィル（意志）をメッセージとして前面に打ち出したオンライン動画を制作する
宣伝部員たちは、ME（ミー）という新しいブランドの立ち上げに、いきり立っていた。どうにかして、このブランドを、10年も20年も続くような、強いブランドに育てあげたい。そのためには、広告コミュニケーションの組み立ても、今までにない形にする必要があるのではな

Old Style の 広告戦略

〈Old Style の広告戦略〉では、ケーススタディで取り上げた商品やサービスを売るために、10年以上前の広告の世界ではどのような戦略がとられてきたのか、振り返りながら論じていきます。

New Style の 広告戦略

これからの新しい広告コミュニケーションは、メディアとWebとリアルを上手につなぐことを意識しています。〈New Style の広告戦略〉ではそういった視点から、最新の広告戦略について、複数の成功事例を取り上げながら解説します。

Old Style の 広告戦略

機能的特徴にフォーカスし、それを差別化ポイントとして、メッセージを組み立てよ

◉広告の基本は、機能的な差別化ポイントを、わかりやすく伝えること

商品の機能的な特徴を、差別化ポイントとして抽出し、それをわかりやすく伝えること。みなさんが学生時代に習った広告理論や、実務の中で教わってきた広告の作り方では、それが〝当たり前〟のこととされていたのではないでしょうか。

広告代理店のクリエイティブ・チームにいて、広告主の方から受けるオリエンテーションの中核を成すのも、たいていの場合はこの「機能的な差別化ポイント」についてです。

他社製品より軽い、他社製品に比べて○○成分が多い、他社製品にはない取っ手が付いている、などなど。

研究部門や商品開発部門の人が一生懸命に開発した機能的特徴が、長々と語られます。

広告主の宣伝部や広告代理店の役目は、その機能的な差別化ポイントを、ターゲットである消費者に対していかに響くように描くか、ということになります。

「いかに響くように描くか」を考えてくれ、というのはまだいいほうで、時にその「機能的な差別化ポイント」を、「わかりやすく目立つように入れてくれ」れば良いよ、みたいな場合も

New Style の 広告戦略

ブランドのウィル（意志）をメッセージすることで、賛成する人に買ってもらうことを、目指せ！

◉消費者と通じ合うために意志や意見、志向性を伝える

経営戦略論の理論家ジェイ・B・バーニー教授は、『企業戦略論〈上〉基本編 競争優位の構築と持続』（岡田正大訳、ダイヤモンド社）という著書の中で、企業の強みと弱みの分析フレームワーク VRIO の4つの要素のひとつとして Inimitability、すなわち模倣困難性を挙げていますが、この考え方は広告の差別化ポイント問題にも援用できます。

模倣が困難なものでない限り、機能的特徴は、模倣された途端に「差別化ポイント」ではなくなります。〝持続的〟に売れるブランドであり続けるには、模倣困難なメッセージでなければなりません。

「世界最薄の○○といった」メッセージも、薄さで他社に追い抜き返された途端に、あなたが関わる商品に何の価値も残らないことになります。

それでは、いったい、どうすれば良いのでしょうか？

僕が見るところ、多くの先進的な企業や商品／サービスが採用しているのが、ブランドのウィル（意志）を発信することで、賛成する人に買ってもらおうというやり方です。

ケースのまとめとして、最新の広告戦略のなかでも、とりわけ重視したい新しい手法をピックアップ。その手法を駆使して「効く」広告コミュニケーションを実現するポイントを、3～4つに絞って紹介します。

ここでは、新旧の広告戦略のポイントを箇条書きにして比較しています。この10年で考え方がどれだけ変わったのか、一覧できます。

いあるいは新機能や最新テクノロジー搭載など」の「機能的差別化ポイント」に基礎を置かずに、メッセージの中心を「意志」に置きます。

そうすることで、興味を持った人にはウェブ等でさらに詳しい商品情報やテクノロジーの違いなども訴えることが可能になり、それを見てもらう可能性も増える、というやり方です。

メッセージの中心に「意志」を置くことで、統合的なキャンペーンを取りまとめる役目も果たすことができるというわけです。

まとめ

ブランド・ウィルの発信で差別化を手に入れる4つのポイント

①資料を読んで、質問を繰り返し、ブランド・ウィルを策定してみよう

商品開発部から宣伝部への説明は、機能的特徴中心になされるでしょう。あるいは、

新旧の広告戦略のポイントを比較してみた

New Style	Old Style
★ 機能的特徴だけで、購買を決める消費者は多くない。	☑ まず、大事にするべきなのは、機能的特徴だ。
★ 最後は、「好きだから」とか「なんとなく」で人はモノを買う。	☑ 他社にはない機能的特徴を、機能的差別化ポイントとして抽出。
★ 機能的差別化ポイントは、真似をされがち。真似されたらオシマイ。	☑ 機能的差別化ポイントを中心に、広告メッセージを組み立てる。
★ ブランド・ウィル（ブランドの意志）をメッセージすることで、人を動かせる。	☑ 機能的差別化ポイントを、わかりやすく伝えること。
★ ブランド・ウィルはひとたび定着すれば、けっして真似されない。	☑ できれば、ターゲットに響く形で、伝える広告表現を開発する。

CONTENTS

成功事例に学ぶ8つの「効く」メソッド

「これからの広告」の教科書

Chapter 2
【表現は統一するな】消費者との接点によって見せ方を変える

Chapter 3
【わざとわかりにくく】消費者に謎をかけて突っ込ませる

Chapter

4

【まずは楽しませる】

「商品の良さ」より「イイ時間」を提供する

Chapter 5

【個別戦より総力戦】1本の広告より全体の仕掛けで効果を狙う

Chapter 6
【伝えるからつなげるへ】送り届けるのではなく拡がる経路を作る

Chapter 7
ライブ感こそ人の心を動かす時代である
【演出しない、作り込まない】

Chapter 8

【商品名は最後まで出さない】少ない予算でも広告効果は生み出せる

カバーデザイン◆冨澤崇（EBranch）
本文デザイン◆新田由起子（ムーブ）
本文DTP◆川野有佐（ムーブ）

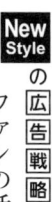

Chapter

1

【USP はいらない】

差別化よりも
ウィル（意志）や
インサイトで勝負せよ

Case 01

化粧品メーカーが新成分を備えたスキンケア用品を新発売

ME（ミー）という名のスキンケア用品が発売された。「ビューティ・ユアセルフ」というのがトータル・コンセプト。10商品を揃えて、今後も展開を予定している。機能的特徴としては、肌のPH《ペーハー》が最適に保たれる新成分の配合が目玉で、他にもいくつかの新機能が加味されている。さて、どのように売っていけばいいのか？　宣伝部での検討が始まった。

Old Style の 広告会議

商品特徴と効能を際立たさせたテレビCMを作る

同社、久しぶりの大型のブランド導入ということで、全社的に尋常ではないプレッシャーがかかるタスク。宣伝部でも部長自らが指揮を取り、部員を数チームに分けて、それぞれが広告アイデアを開発せよ！　との命令がくだった。

あるチームでは、今後のブランドの旗印となるタレントの起用をメインに検討を重ねた。ヒットドラマで主演した若手女優や、大ヒットを飛ばしている女性ミュージシャンなど、今までに広告ではあまり見かけていない大物も多く候補に挙げられた。

普通のキャンペーンに比べれば、新しいブランドの立ち上げということで、予算は豊富にあるのだ。

別のチームでは、もっと機能的ポイントにフォーカスするべきだ、との議論が中心を占めた。肌のＰＨは女性にとって、大変に重要だ。その最適ＰＨを実現する新成分こそが、機能的差別化ポイントで、そこを強調すべき。この新成分の名前が流行するくらいの意気込みでやりたい。そんな意見だった。

もうひとつのチームも、「肌のＰＨ最適化」を重要視したのは同様だった。ただしこのチームは、新成分にフォーカスするのではなく、「肌のＰＨ最適化」がなされた後の、消費者のベネフィットについて語るべきだ、との意見だった。

「肌のPH最適化」がなされると、〝肌の艶が違う〟に始まり、そのことにより〝上機嫌な毎日〟が続き、〝仕事もうまくいって出世につながり〟、素敵な王子様まで現れる。そんな消費者の姿を描いていこう、というものだ。

「ビューティ・ユアセルフ」というトータル・コンセプトをメインに押し立てようというチームはいなかった。どのチームも、テレビCMのラストカットや、雑誌広告の隅に、申し訳なさそうに「ビューティ・ユアセルフ」と入れることで、商品開発部への義理を果たした、と胸をなでおろした。

部長は、「肌のPH最適化」×「消費者のベネフィット」というチームの案を採用した。制作スタッフも一流どころが揃えられ、広告も大量に出稿された。しかし、人気は盛り上がらなかった。売上も当初の目標まで、どうにも達しない。

俺の出世もここまでか。部長は、がっくりと肩を落とした。

New Styleの広告会議

伝えたいウィル（意志）をメッセージとして前面に打ち出したオンライン動画を制作する

宣伝部員たちは、ME（ミー）という新しいブランドの立ち上げに、いきり立っていた。どうにかして、このブランドを、10年も20年も続くような、強いブランドに育てあげたい。そのためには、広告コミュニケーションの組み立ても、今までにない形にする必要があるのではないか？

メンバーは、どういうテレビＣＭがいいのか、といつものように考え始めることを、まず、やめた。今までとは違う、中長期に貢献できる広告を生み出すには、今までと同じやり方をしていてはダメだと考えたのだ。

宣伝部員たちは、商品開発の背景を知ろうと、商品開発部員たちに取材を繰り返した。時には、ビールを酌み交わしながら、本音を探ろうと努めた。

そうこうしているうちに、商品開発部員たちの想いが、実は「ビューティ・ユアセルフ」というトータル・コンセプトにあることが、徐々にわかって来た。それは、「ＭＥ（ミー）」というネーミングにも現れている。

〝ＰＨ最適化〟も〝そのための新成分〟ももちろん大事だが、商品開発に当たってのポイントは、実は、「ＭＥ（ミー）」というネーミングと、「ビューティ・ユアセルフ」という考え方にあったのだった！

若き課長は、思い切ることにした。自社ウェブサイトの奥のほうの階層を除いて、ＰＨ最適化もそのための新成分にも一切ふれないことにしたのだ。その代わりに、「ビューティ・ユアセルフ」にフォーカスする。これこそが、このブランドが持つブランドの意志、〝ブランド・ウィル〟と位置づけることにした。

「ビューティ・ユアセルフ」とは、あなた自身の美しさを大事にしよう、という意志。メイクで、みんな似たような美しさを追い求めるのではなく、誰もが持っている自分自身の美しさに気づいて大事にしよう、というもの。だからこそ、スキンケアが大事で「ＭＥ（ミー）」を使おうということにつながっていく。

まず、この「ビューティ・ユアセルフ」の考え方、ブランドの意志を、自社ウェブサイトで高らかに宣言した。

広告表現も、斬新なものとした。

「自分自身の美しさを大事にする」という意志から、「あなたは、あなたが思っているよりも、美しい」というキャッチフレーズを開発。警視庁で目撃者の話を元に犯人手配の似顔絵を描いていた人を雇い、10人ほどの一般人の顔を、本人を見ることなく話だけでスケッチしてもらった。

本人の話とその人と同席した他の人の話に基づいて別々に。

そうしてでき上がった2枚のスケッチを並べて展示すると、他の人の話に基づいたもののほうが、「キレイで、感じがよく、幸福そうに見える」ことが証明された。

2枚を見比べて、涙ぐむ本人を背景に、「あなたは、あなたが思っているよりも、美しい。」というフレーズが表れる。

この動画は、YouTubeで何百万回も視聴され、大評判になった。「ＭＥ（ミー）」も大ヒットとなる売上を記録している。

（※ Doveの〝リアルビューティー〟広告キャンペーンを参考にした創作です）

「広告戦略」と「伝え方の手順」はこんなに変わった

New Style

商品がどんな想い、どんな意志で開発されたのかを取材する。

「こんなふうに」良くなって欲しいという想いを、ブランド・ウィルとしてまとめる。

そのブランド・ウィルーブランドの意志を中心において、広告コミュニケーションを開発する。

ブランド・ウィルが消費者の共感を得ることができれば、結果として売上増にもつながる。

一度、ブランド・ウィルを確立してしまえば、マネされる危険性も少ない。

Old Style

商品の特徴と効能を伝えることこそ、広告の使命。

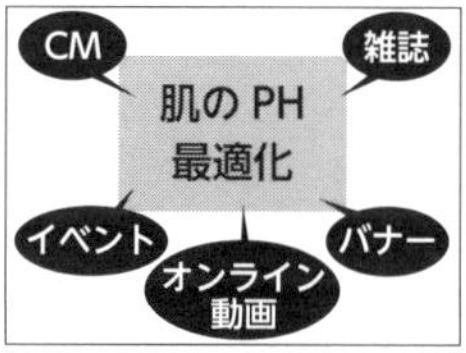

機能的な差別化ポイントを広告コミュニケーションの中心に据える。

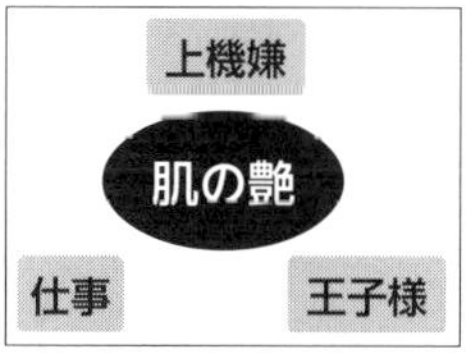

機能的な差別化ポイントがもたらす消費者ベネフィットにフォーカスする場合も。

ブランドイメージの中長期的な継続性は、たとえばシンボルとなるタレントで。

必ずしも理性的にモノを選ばない消費者に響かず、選ばれない。

Old Style の 広告戦略

機能的特徴にフォーカスし、それを差別化ポイントとして、メッセージを組み立てよ

◉広告の基本は、機能的な差別化ポイントを、わかりやすく伝えること

商品の機能的な特徴を、差別化ポイントとして抽出し、それをわかりやすく伝えること。みなさんが学生時代に習った広告理論や、実務の中で教わってきた広告の作り方では、それが〝当たり前〟のこととされていたのではないでしょうか。

広告代理店のクリエイティブ・チームにいて、広告主の方から受けるオリエンテーションの中核を成すのも、たいていの場合はこの「機能的な差別化ポイント」についてです。他社製品より軽い、他社製品に比べて○○成分が多い、他社製品にはない取っ手が付いている、などなど。

研究部門や商品開発部門の人が一生懸命に開発した機能的特徴が、長々と語られます。広告主の宣伝部や広告代理店の役目は、その機能的な差別化ポイントを、ターゲットである消費者に対していかに響くように描くか、ということになります。

「いかに響くように描くか」を考えてくれ、というのはまだいいほうで、時にその「機能的な差別化ポイント」を、「わかりやすく目立つように入れてくれ」れば良いよ、みたいな場合もあります。

◉しかし、人はいつも理性的にモノを買うとは限らない

こうした「伝えたい機能的な差別化ポイント」がある場合、広告では当然、そのポイントにフォーカスすべきでしょうか？　いえいえ、ところが、違うのです。

理由は2つあります。1つめは、実は人は「機能的差別化ポイント」ではなく、「好き嫌い」でモノを買っている場合が少なくないからです。複雑化する現代、着るもの履くもの、自動車や自転車、洗剤やシャンプー、カメラやPCまで、いちいち機能を全部比べて吟味して買う人なんて、そうそういないのが現状でしょう。

2つめは、「機能的な差別化ポイント」は、真似されたら終わりだからです。そして技術の進んだ現在で真似されない機能的差別化ポイントなど、そんなに多くはないでしょう。

たとえば、世界最軽量の商品があったとしましょう。ライバル社の製品が500グラム、自社では10％減の450グラムの商品を開発しました。こうしたハッキリした「差別化ポイント」があれば、これを伝えるべきでしょうか？

ちょっとだけ、待ってみてください。

3カ月後に、ライバル社が440グラムの商品を出す可能性は無いでしょうか？

技術は真似されます。「当社独自の製法により」開発された商品がヒットすれば、世の中に同様の商品は溢れます。ライバル社だって必死なのです。類似あるいは同様の製品を開発するのに、そんなに長い時間はかかりません。

ブランドのウィル（意志）をメッセージすることで、賛成する人に買ってもらうことを、目指せ！

◉消費者と通じ合うために意志や意見、志向性を伝える

経営戦略論の理論家ジェイ・B・バーニー教授は、『企業戦略論〈上〉基本編 競争優位の構築と持続』（岡田正大訳、ダイヤモンド社）という著書の中で、企業の強みと弱みの分析フレームワークVRIOの4つの要素のひとつとしてInimitability、すなわち模倣困難性を挙げていますが、この考え方は広告の差別化ポイント問題にも援用できます。

模倣が困難なものでない限り、機能的特徴は、模倣された途端に「差別化ポイント」ではなくなります。〝持続的〟に売れるブランドであり続けるには、模倣困難なメッセージでなければなりません。

「世界最薄の○○といった」メッセージも、薄さで他社に追い抜き返された途端に、あなたが関わる商品に何の価値も残らないことになります。

それでは、いったい、どうすれば良いのでしょうか？

僕が見るところ、多くの先進的な企業や商品／サービスが採用しているのが、ブランドのウィル（意志）を発信することで、賛成する人に買ってもらおうというやり方です。

ところで、ブランドという言葉をこの後、使っていきます。

牛の焼印から始まったと言われるこの言葉は、広告実務では広範に使われます。そして、機

能的差別化ポイント以外にも目を向けて〝実効性のある〟広告コミュニケーションを考えるうえで、欠かせない考え方です。

たとえば、アップルというブランドがありiPhoneやMacBook Airというブランドがあります。サントリーというブランドがあり、ザ・プレミアム・モルツやC.C.レモンといったブランドがあります。

ブランドについて詳しく論じて行くとそれだけで何冊も本が書けてしまうほどなので、ここでは簡単に、「ある商品やサービスの総体」「それが企業と重なる場合もある」と認識しておいてください。

さて、広告コミュニケーションのメッセージの中心に、自分たちの意志や意見や志向性を置く、というのが「ブランド・ウィルの発信」という考え方です。

たとえば、トヨタのプリウスはハイブリッド車として、「地球にやさしいクルマを目指す」と自分たちの意志を発信して成功しました。

アディダスは、「不可能なんてありえない」と、スポーツってどんな状況でも挑戦し続けることに価値があると思う、といった自分たちの意見を発信し続けて、多くのファンを獲得しています。

缶コーヒーのボスは、「このろくでもない、すばらしき世界」と訴え、いいことも悪いこともあるこの世界に寄りそうコーヒーを提供したい、といった志向性を発信して、長年の人気広告シリーズを展開しています。

またアップルの「Think different」も、〝常識にとらわれない〟という自分たちのブランドの意志を発信しているものと考えることができます。

あなたの扱う商品やサービス、それらは何らかの意志があって世の中に生み出されたはずです。「こんなふうに」便利なサービスがいいとか、「こんなふうに」飲んでほしい飲み物だとか、「こんなふうな」うれしさを人に届けたい商品だとか、「こんなふうな」気分を味わってほしいお店だとか……。

その意志や意見や志向性をメッセージの中心に据えてみることが、案外消費者と通じ合う近道だと言えるでしょう。

◉ブランド・ウィルを前面に出して定着させれば、もう真似されない

ではなぜ、「ブランドの意志を発信する」のが良いのでしょうか。

それは、先ほども少し触れましたが、人は思いのほか「なんとなく」ものを買うからです。なんとなく「好き」だから買います。なんとなく「賛成できる」から買うのです。

商品の数が限られていて、それぞれの商品が機能的特徴を持ち、またその機能的特徴がシンプルで誰にでもわかる時代には、機能的差別化ポイントが重要な役割を果たしました。

ところが、商品の数は膨大となり、これでもかこれでもか、と消費者に迫ってきます。その機能的差異は微差となり、あるいは複雑過ぎて簡単にはわからないものになってきています。

そうすると、すべてを理解し理性的に検討し、あらゆるカテゴリーの商品について冷静に意

新旧の広告戦略のポイントを比較してみた

New Style	Old Style
★ 機能的特徴だけで、購買を決める消費者は多くない。	☑ まず、大事にするべきなのは、機能的特徴だ。
★ 最後は、「好きだから」とか「なんとなく」で人はモノを買う。	☑ 他社にはない機能的特徴を、機能的差別化ポイントとして抽出。
★ 機能的差別化ポイントは、真似をされがち。真似されたらオシマイ。	☑ 機能的差別化ポイントを中心に、広告メッセージを組み立てる。
★ ブランド・ウィル（ブランドの意志）をメッセージすることで、人を動かせる。	☑ 機能的差別化ポイントを、わかりやすく伝えること。
★ ブランド・ウィルはひとたび定着すれば、けっして真似されない。	☑ できれば、ターゲットに響く形で、伝える広告表現を開発する。

思決定していくことは、並大抵のことではありません。いや、ほとんど不可能に近いでしょう。購買行動以外に、毎日毎日やることは大量にあるのです。

こうして人は、なんとなく「好きだから」商品を選ぶことになります。

もうひとつ、「ブランドの意志を発信する」ことの良さは、ひとたび定着させてしまえば、真似されない、ということです。機能的な差別化ポイントは、機能を真似されてしまえばその時点で〝差別化できる〟メッセージには、なりえなくなります。

体脂肪を燃やすお茶が一種類だけであれば有効なメッセージになりますが、他のお茶も体脂肪を燃やす成分を含むようになれば、それだけでは〝差別化できる〟メッセージになりません。

アルコール分0・00％のビールテイスト飲料が一種類だけであれば、それだけで有効なメッセージになりますが、他のブランドも0・00％を実現すれば、さらに、カロリーも0％とかオシャレな0・00％とか、他の要素がメッセージに必要になります。

しかし、ブランドの「意志」をメッセージの中心に据えて定着させることができれば、他のブランドは真似できません。

今から〝Think different〟と言える（似たようなことを言って得をする）パソコンメーカーは、出てきません。「不可能なんてありえない」と言えるスポーツメーカーも現れません。「このろくでもない、すばらしき世界」というメッセージは（その類似のメッセージも）、どんな缶コーヒーブランドも掲げることができません。

ところで、これらの「意志の表明をメッセージの中心に据えた」広告コミュニケーションはどれをとっても、最初に「その意志の表明をメッセージの中心に据えよう」と決める時には、「そんなの、我が社じゃなくても言えるじゃないか！」と反対できる状況にあったと考えられます。

この時点で〝差別化〟の要素は、「他社がまだ言ってない」ということでしかありませんでした。

このように「ブランドの意志を前面に押し立てる」やり方は、今の広告コミュニケーションには欠かせない方法論です。あなたが携わる商品やサービスの広告コミュニケーションについても、ぜひ一考してみる価値があるのではないでしょうか。

◉1億人の共感をつかまえた、Doveの「リアルビューティー スケッチ」

スキンケア・ブランドのDoveは、10年以上前から、「ブランドの意志」を前面に押し立てるやり方で、成果を挙げ続けていることで有名なブランドです。

製法や効き目の違いなど、「機能的ポイント」も多々持っているはずですが、その点は「興味を持った人が調べに来た時にウェブで答えられる体制を整える」ことにとどめて、広告コミュニケーションでは、「リアルビューティー」という「ブランドの意志」をメッセージし続けています。

「リアルビューティー」とは、「すべての女性はその人なりの美しさを持っているのだから、その自分なりの美しさを大切にしよう」という、Doveブランドの、美に対する意志、姿勢、志向性です。

このリアルビューティーが世界の広告界で一躍有名になったのは、〝エボリューション（進化）〟と名付けられたテレビCMが数々の賞を受賞した２００７年です。

もともとはネット上で流すフィルムとして制作され、アメリカを中心に大きな話題を集めたもの。ごく普通の容姿のひとりの女性がメイクを施され、さらにはパソコン上での修正まで加えられて、いわゆる〝美人〟へと変身していく様を淡々と描いた動画です。

最後はもともとの彼女からはほど遠くなった〝美人の彼女〟が、広告の素材として屋外広告の看板に使用されるところで終わります。そこには、こんなメッセージが。

「どうりで我々の美の基準がゆがめられるわけです。Dove の Real Beuaty Workshop for Girls に参加しましょう」

Dove は石鹸やスキンケアなど基礎化粧品のブランドですから、こういった〝アンチ・メイク〟と言えるメッセージは、商品性に根差したメッセージだと言えます。

Dove はこの動画以前にも、一般人のユーザーを雑誌広告に登場させ、「誰もが持っている本来の自分自身の美しさを大切にしよう」とメッセージするキャンペーンをアメリカを中心に繰り広げ、大成功。「Dove はもはや石鹸を売っているのではない。リアルビューティーを売っているのだ」とまで言われるようになりました。

２０１３年、Dove の一連の広告コミュニケーションの中でも、ひときわ大きな注目を集めたのが、**「リアルビューティー スケッチ」と題されたブラジル発の広告（動画）**です。

Doveの動画「リアルビューティー スケッチ」

❶
元FBIの協力者で絵描きのジルが登場。

「証言に基づいて似顔絵を描きあげ、捜査に協力してきました」

❷
ブロンドの女性フローレンス。

「でも、いくつか質問をうけるうちに、私の似顔絵を描いているのだと気づきました」

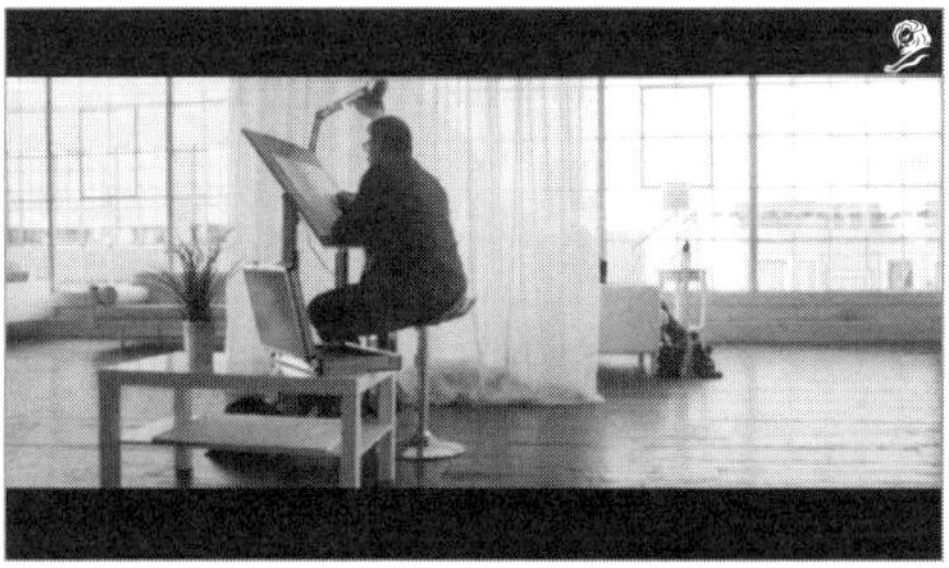

❸
ジルがキャンバスに似顔絵を描いている。
「あなたの輪郭について教えてください」

❹
子どもの頃を振り返るフローレンス。
「『お前のあごは大きいね』って母がよく言ってたわ」

〔カンヌライオンズ2013　チタニウムライオン他受賞
画像提供：東映エージエンシー〕

❺
フローレンスの顔立ちについて別の女性に聞くジル。
「では、あなたが待合室で会った女性について質問させていただきます」

❻
フローレンスがソファーに座っている。
「すっきりしたあごのラインが素敵だったわ」

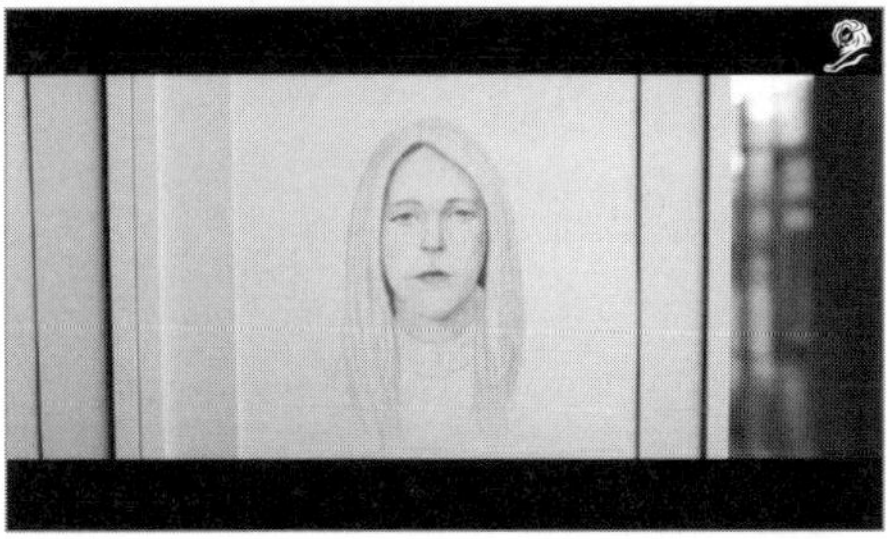

❼
別の女性のコメントをもとに描かれたフローレンスの似顔絵が映し出される。
「こちらは、他の方の説明に基づいて描いた似顔絵です」

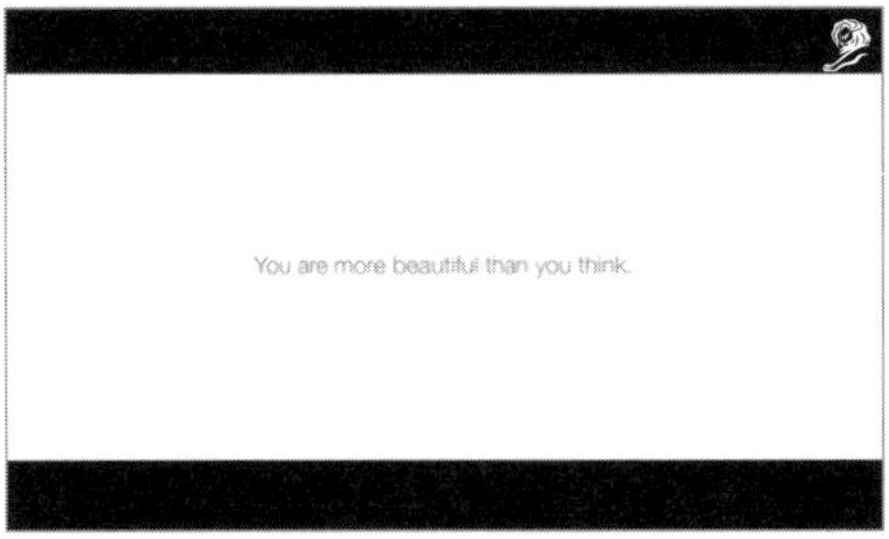

❽
真っ白い背景にテロップだけが映し出される。

「気づいてください。あなたは、自分が思うよりも、ずっと美しい」

❾
真っ白い背景に、Doveのロゴが映し出される。

ＦＢＩで目撃者の証言から犯人の似顔絵（スケッチ）を描く仕事をしていた絵描きを登場させるところから、ストーリーは始まります。動画には何人かの女性が現れ、まず本人が自分について語った内容を元に（絵描きは本人を見ることなく）似顔絵を描きます。次に、今度は、他の人の証言を元に、同じ人の似顔絵を描くのです。

そして、その2枚を並べて見ます。すると、どうでしょう？

どれも、本人以外の証言を元に描かれた似顔絵のほうが、美しいのです。好感が持て、自信があるように見えます。動画の後半では、本人たちに2枚の絵を並べて見せるのですが、登場した何人かの女性たちは、一様にその差に驚きます。なかには、涙を浮かべる女性も。

そこにDoveからのメッセージが。

「あなたは、自分が思うよりも、ずっと美しい」

この動画は、２０１３年６月のカンヌライオンズで多数受賞するのですが、僕（著者）自身それ以前にもソーシャルメディア経由で知って何度も見ていたし、大学の授業でも紹介していました。カンヌ事務局発行の資料によると、**２０１３年６月時点で全世界で総計１億１４００万回視聴されており、これは広告関連動画の新記録**だと言います。

なんと、1億回も見られているのです。それは、少なくても1億回、〝能動的に〟クリックされているということです。その見られた回数を〝一定の共感の量の尺度〟として見ることは、（特に〝脅かし〟を中心とした動画ではなく、このDoveのようなケースは）間違っていないと思います。

◉挑み続ける姿勢を伝えるペプシネックスゼロのテレビCM「桃太郎シリーズ」

日本で最近この方法で大きく話題となった広告に、**ペプシネックスゼロの「自分より強いヤツを倒せ。Forever Challenge」**があります。桃太郎の実写化を小栗旬主演で、ハリウッド映画のようなスケールで展開しました。

日本で最も権威のあるテレビCMの賞**ACC賞のグランプリを受賞し、またYouTube狙いの動画でないにもかかわらず、YouTubeでも3本のシリーズで累計500万回以上も視聴**されています。

概要は、ペプシのホームページによれば、こんな感じです。「〝桃太郎『Episode.ZERO』〟編では、日本の昔話の〝桃太郎〟をオリジナルストーリーで実写化。桃太郎役には俳優の小栗旬さんを起用しました。強大な鬼に果敢に挑む桃太郎を通じ、〝自分より強いものに挑み続ける姿勢〟をハリウッド映画を彷彿とさせるスケールで、ドラマティックに描いています」

ペプシ側がそう言っているわけではありませんが、この場合の〝強いヤツ〟についてビジネスの文脈で捉えて、コカ・コーラを思い浮かべる人も少なくないでしょう。僕自身は、そう感じました。

ペプシからすると強大な敵であるコカ・コーラに挑む自らの「意志」をメッセージの基本に据え、チャレンジ精神の強い人の共感に訴えようとしているのだろうと読み取れたのです。

ペプシコーラは同時に、**ペプシネックスゼロとライバル社の商品であるコカ・コーラ ゼロ、どちらがおいしいかの比較調査**を実施。その結果をそのままテレビCMに仕上げ、自らが「自分より強いものに挑み続ける姿勢」を示す作戦を取っていると分析できます。

もちろんテレビCMだけではなく、桃太郎編では制作過程ドキュメントや出演タレントのインタビューをウェブで公開し、話題化の加速を試みています。また比較調査のほうでは、テレビCMにもなった「ダンサー編」以外に、「ハンバーガーショップ店員編」や「建設作業員編」の調査結果もウェブで公開し、深まりを目指していると考えられます。

こういった「ブランド・ウィルを前面に立てる」広告戦略は、味の違いやボトルの形状の違いあるいは新機能や最新テクノロジー搭載などの「機能的差別化ポイント」に基礎を置かずに、メッセージの中心を「意志」に置きます。

そうすることで、興味を持った人にはウェブ等でさらに詳しい商品情報やテクノロジーの違いなども訴えることが可能になり、それを見てもらう可能性も増える、というやり方です。

メッセージの中心に「意志」を置くことで、統合的なキャンペーンを取りまとめる役目も果たすことができるというわけです。

まとめ

ブランド・ウィルの発信で差別化を手に入れる4つのポイント

①資料を読んで、質問を繰り返し、ブランド・ウィルを策定してみよう

商品開発部から宣伝部への説明は、機能的特徴中心になされるでしょう。あるいは、

広告主から広告代理店への説明も、そうでしょう。それでも、相手に対して質問を繰り返し、そこからブランド・ウィルを策定してみましょう。

以下の「こんなふうに」の中身を具体的な言葉にしていく中から、見つけることが可能です。

- その商品やサービスは何を目指して、開発されたのか？
- 「こんなふうに」便利なサービスがいいとか
- 「こんなふうに」飲んでほしい飲み物だとか
- 「こんなふうな」うれしさを人に届けたい商品だとか
- 「こんなふうな」気分を味わってほしいお店だとか

できれば、関係者を集めて、これらの点について話し合うようにしましょう。

②ブランド・ウィルを広告の中心に据えるメリットを周囲に説明しよう

人がモノを買う時に好き嫌いは重要な要素であること、また、ひとたびブランド・ウィルを確立できれば真似されないこと。そういったこのやり方のメリットを、事例とともに周囲に説明してあげましょう。

③「3カ月だけやってみる」ではなく、中長期的に続けよう

「Think different」も「リアルビューティー」も「不可能なんてありえない」も、ブラ

ンド・ウィルが行き渡っているブランドは、どれも何年も何十年も続けています。

「特筆すべき機能的特徴がないから、この3カ月はブランド・ウィル推しで」広告を組み立て、機能的特徴が出てきたら元に戻す。

そういったやり方では効果が薄いので、中長期的な運用を心がけましょう。

④すべての広告活動の中心に、ブランド・ウィルを置く

ブランド・ウィル中心型の広告コミュニケーションは、昔あった「企業広告」とは、かなり意味合いが異なります。

商品広告では機能的特徴をメインに出して、それとは別に「ブランド・ウィル」の広告を打つ、というのではなく、すべての広告コミュニケーション活動の中心にブランド・ウィルを置くのが基本です。

なぜならば、そのほうがずっと効率的だからです。

Case 02

満を持して「世界最小・最軽量」のデジタル一眼カメラを発売

ベータという名のデジタル一眼カメラ。同カテゴリーでは後発だが、機能とクオリティには自信があった。さらに、商品開発部の血のにじむような努力の末に、「世界最小・最軽量」を実現。この特徴を明快にメッセージすれば、シェア1位の実現も夢ではないだろう。商品は素晴らしい。あとは、広告しだいだろう、と社内ではささやかれていた。

Old Style の 広告会議

スポーツ選手を起用したテレビCMで、USPを最大限に伝える

話を受けた宣伝部では、これは珍しい、と話題になった。「世界最小・最軽量」。伝えるべきメッセージが、ハッキリしていたからだ。これだけハッキリしたUSP（くわしくは58ページ参照）がある例には、近ごろではあまりお目にかかれない。

これだけUSPがハッキリしていれば、あとは、それをいかに効果的に伝えるか、だ。

担当のQは、いろいろなアイデアを検討した。

まずは、「世界最小・最軽量」ということを、あえて工夫をせず、単純明快にストレートに、どーんと押し出す案。これはこれでインパクトが強く、捨てがたい気がした。

次に、「世界最小」や「世界最軽量」をたとえて伝える案を、いろいろと検討した。

世界最小のほうは、ドーナツの大きさと比べる案から、可愛らしい赤ちゃんが商品を手にして両親を写そうとする案まで。赤ちゃんの手に商品が持たれる案は、周りでも評判が良かった。

世界最軽量は、華奢な女性タレントを起用して、その女性でさえ軽々と扱うシーンを描くものから、売り出し中の一流スポーツ選手を起用してスポーツシーンさながらの撮影シーンをフィーチャーするものまで。

スポーツ選手を起用するものは、アクティブで勢いがあることから、評判が良かった。

悩みどころは、「今、デジタル一眼を買っている人には、どんな広告がアピールするのか？」

がわからないことだった。あるいは、「今、普通のデジタルカメラを使っている人たちは、どんなきっかけでこの〝ベータ〟を買ってくれるか?」がわからないことだった。

しかし、そんなことを言っていても仕方がない。こちらには、「世界最小・最軽量」というハッキリしたUSPがあるのだ。やはり、いかにこのUSPを上手に表現するかに集中しよう。

上司のアドバイスもあり、結局は、「スポーツ・バージョン」が採用された。テレビCMや雑誌広告の撮影はかなり困難なものだったが、妥協せず、良い物を作り上げることができた。でき上がった広告への社内での評価は、上々だった。

オンエアが始まった。しかし、どうも、お店で荷が動かない。先行するライバル製品の人気が強固なようだ。ユーザーたちは、多少の軽さや小ささは求めていないのか?

他にもやりようはあったのかもしれない。いったい何が悪かったのか、担当のQは、キツネにつままれた気分で落ち込む日々を送っている。

New Style の 広告会議

顧客調査で発見した「買う理由」に絞った広告表現でシェア1位を獲得

宣伝部の担当者のPさんも、最初は、「世界最小・最軽量」で広告を考えるのだろうと、漠然と考えていた。しかし、懇意にしている広告代理店が、驚きのデータを持って来る。

この商品は、「世界最小・最軽量」では売れないのではないか? そう直感したクリエイティブ・ディレクターの要望で、簡易的な調査を行ったという。

数十人に対して、「世界最小・最軽量」のデジタル一眼カメラがこのメーカーから発売されたら買いたいと思うか、という質問をぶつけた。

なんと！　90％の人が、「買いたいと思わない」と答えたのだ。

これはいったい、どうしたことだろう？　自分たちの常識は、間違っているのだろうか？

その調査結果について、クリエイティブ・ディレクターは、こう解説した。

「たぶんですけれど、彼ら彼女らは、〝デジタル一眼カメラ〟そのものを買おうと思っていないのです。デジタル一眼カメラを欲しいと思っている人にとっては、世界最小とか世界最軽量ということは売りになりますが、そもそも買いたいと思ってない人には、響かない」

「カジュアル派には、普通のデジタルカメラやスマホのほうが便利なんですね。〝高価で大きくて重い〟デジタル一眼カメラをわざわざ買う理由がないんです」

「僕らは、この〝デジタル一眼カメラを買う理由〟を提示してあげる必要があります」

担当のPさんにとってこの解説は、いちいち納得のいくものだった。

Pさんと広告代理店のチームは、議論と調査を重ねた。その結果わかったことは、今デジタル一眼カメラを持っていない人にとってのデジタル一眼カメラの魅力、買う理由とは、「愛する人や物を、背景ぼかしで撮ることができる」ということだった。

自分の恋人を撮る、運動会で子どもを写す、ペットの様子を撮る、大好きな焼き物を写す。なんらかの愛する人や物を撮影する時、背景をぼかすと、その愛が深まる。そんなふうに感じる人が、数多くいることがわかってきた。

この「消費者のココロのツボ」をメッセージの中心に据えるべきだ。そうすることで、今デジタル一眼カメラを持っていない層のニーズをすくい上げることができる。

そのためには、「世界最小・最軽量」というメッセージは後退させよう。

担当Pさんのその主張は、当初、社内で多くの反対にあった。

しかし、「世界最小・最軽量」というメッセージでは90％の人が買いたいとは思わない！という調査結果は、大きなチカラを持っていた。最終的には、Pさんの意見は承認され、さらに、であればということで、もともと商品が持っていた「バックをぼかした写真」がワンタッチで撮れるように専用のボタンをつけて、簡単に活用できるようにした。

旬のタレントも活用しながら、「愛する人や物を、簡単に背景ぼかしで撮ることができる」というメッセージを中心にした広告コミュニケーションが、次々に作り上げられた。

テレビCM、ポスター、雑誌広告、バナー、キャンペーンサイト。タレントが自らの愛する物を撮影しに行く姿を描いたウェブ用動画。〝ベータ〟で愛する人や物を素敵に撮影するためのワークショップ。その様子を紹介したウェブページ。

こういった広告コミュニケーションが奏功して、ベータは、このメーカーで初めて、同市場でのシェア1位を実現した。

（※ソニー〝αNEX〟の広告キャンペーンを参考にした創作です）

「広告戦略」と「伝え方の手順」はこんなに変わった

New Style

そのUSPで人は本当に買いたくなるのか、しっかりと検証する。

インサイト=消費者のココロのツボを探し出す。

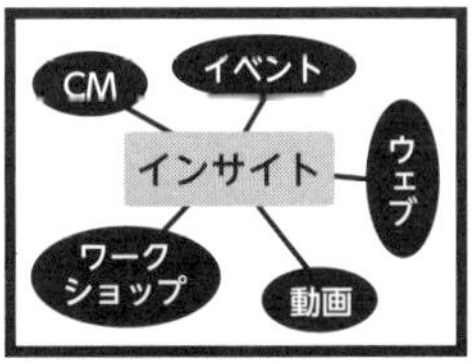

インサイトを中心にした広告コミュニケーションを企画する。

できれば、商品的にもインサイトを強調する内容を付加する。

消費者のココロのツボにうまくヒットすれば、シェアNO.1獲得などの成果も。

Old Style

USP = その商品にしかない売り込みの効く主張を、探し出してメッセージにすべし。

売れるポイントかどうかわからない場合でも、他で言えないことであれば、それで押す。

最小とか最軽量とかハッキリしたポイントがある場合は、当然それを中心に訴求する。

USPをどうわかりやすく伝えるか、どう印象的に伝えるか。

USPが実は、「買いたい」気持ちに結びつかず売れない。あるいは数カ月後にUSPがユニークではなくなる。

Old Style の 広告戦略

“他では言えないこと”を探し出して、そのUSPをメッセージにするべし

◉とにかく「他では言えないこと」を探せ！

ＵＳＰ。ユーエスピー。あなたはこの言葉を聞いたことがあるでしょうか？

広告に関わる仕事をしている人なら、たいてい一度や二度は耳にしたことがあると思います。あるいは、毎日ＵＳＰを探して奮闘しているよ、という方もいらっしゃるかもしれません。

50年以上前に、テッド・ベーツというアメリカの広告代理店の、ロッサー・リーブスという人が唱え始めたと言われるＵＳＰという考え方 Unique Selling Proposition は、「その商品にしかない売り込みの効く主張」と訳されます。

広告論の一般的な教科書である『新広告論』（亀井昭宏／疋田聰編著、日経広告研究所）によれば、ＵＳＰとは、次の３つを同時に満足させるもの、ということになります。

①商品が提供できるベネフィットを示す
②競合他社の商品にはないものであること
③新規顧客を獲得するのに十分な魅力を備えているもの

ＵＳＰは広告の基本中の基本とされ、なかでも「Ｕ」で示されるユニーク＝その商品にしかない＝「他では言えない」ことをとにかく探すのが、日本の広告界でも一般的になりました。

そうではない広告案を提案すると必ずと言っていいほど、広告主の偉い人が「これは、ライ

バル社でも言えるからダメ」とNGを出すのです。

◉「売れるポイント」でなくても「他と違うポイント」なら、それで押す

しかし、右記の①②③を同時に満たすProposition（提案）、ひらたく言えば「他では言えない」差別化ポイントは、簡単には見つかりませんでした。

本来のUSPの発見が難しくなって来ると、奇妙な事態が増えてきます。

たとえ売れるかどうかわからなくても、「他では言えない」ことがその差別化ポイントしかないのであれば、それで広告を考えるしかないだろう、というわけです。

「売り込みが効く」かどうか「新規顧客を獲得するのに十分」かどうかは、簡単にはわかりません。相当な調査をするか、あるいは極端な話、「やってみるまでわからない」のです。

そうなると、多くの担当者は、Unique ＝「他では言えない」だけでも守ろうとし始めます。

もちろん、①②③を同時に満たすUSPを見つけるのが、理想ではあるでしょう。しかし、そんな差別化ポイント、現代の多くの商品に存在するのでしょうか？

答えは、否。このあとご紹介するように、「世界最小・最軽量」という差別化ポイントでさえ、「新規顧客を獲得するのに十分」ではないのですから。

みなさんが広告しようとする商品やサービスは、「USPで売れる商品ではない」と考えたほうが、正解である確率がずっと高いと考えられます。

「USPの呪縛」から逃れて、消費者のココロのツボ＝「インサイト」を発見せよ！

◉消費者自身が気づいていない「インサイト」とは

長い間広告界を支配し、時に呪縛と感じられるほど影響力の強かった「USP」。しかし実際には、従来のUSPでは消費者は動かなくなり、広告界は、また新たな手法を開発します。それが、「消費者のココロのツボ」「消費者がその商品を買う時のホンネ」などと訳されるインサイト（詳しく言うとコンシューマー・インサイト）です。このインサイトというキーワード、今では広告代理店の会議で耳にしない日がないほどの、メジャーな考え方になっています。この手法は、最初イギリスの広告会社で、スタンレー・ポレット、スティーブン・キングらによって開発され、その後世界中に広まっていきます。

この考え方は慣れないと少しわかりづらいので、まずは事例として、**1993年から行われたカリフォルニア牛乳普及協会のキャンペーン〝Got Milk?（牛乳、ある？）〟**について、『アカウント・プランニングが広告を変える』（ジョン・スティール著、丹治清子／牧口征弘／大久保智子訳、ダイヤモンド社）から紹介しましょう。

当時、骨が強くなるとか成長に良いなどのそれまでのメッセージでは、牛乳の売上が頭打ちになっている状態。そこで開発された新しい広告コミュニケーションは、食べかけのクッキーなどのアップに〝ミルク、ある？〟のメッセージが書かれているものでした。

前掲書の著者であり、キャンペーンの戦略立案を担当したジョン・スティールは、事前のグループインタビューを通して、「食べ物に刺激されて、即座にコップ一杯のミルクを思い浮かべ」「いまこのクッキーにミルクが一杯あれば最高」と思う人々の存在を発見します。

そして、「明らかに彼らがミルクよりも、まず食べ物に反応して」いて「ミルクは、それだけを飲みたいとは思ってもらえない」と結論づけるにいたります。

この「消費者のココロのツボ」の発見に基づいて、メッセージの中心は、「食べ物はあるけれどミルクがない、さて、どうする?」といった内容に決定されます。

そうして〝消費者のココロのツボ〟は、「インサイト」と呼ばれることになり、このインサイトの発見を元に、〝ミルク、ある?〟キャンペーンは、大成功を収めるわけです。

インサイトの特徴を、先ほども参照した『新広告論』を見ながらまとめてみると、「①誰もが持ち合わせていながら、調査では把握できない何か。②本人も全く気づいていないが、深層心理の中に存在している何か。③いまは全く意識もしていないし、心の奥底にもないが、優れたクリエーティブ作品による刺激(感動など)によって消費者の心に表れる何か」などと説明されます。そして、このインサイトの考え方は、現在の日本の大手広告代理店ではひじょうに重要なものになっています。

◉ソニーα NEXは購入者の「ココロのツボ」を突いて、大成功

近年の日本の広告コミュニケーションからも、「インサイト」を広告コミュニケーションの

中核に据えた成功例を紹介しておきましょう。

デジタル一眼カメラソニーαNEX導入時の広告コミュニケーションについて、ACC会報誌ACCtion146号を参照しながらお伝えします。

αNEXは当時「世界最小・最軽量」の商品で、当初、USP的な思考でそこを強調すべきだとなったのですが、広告代理店による調査などを通して、「最小・最軽量以前に、この商品が一眼画質で撮れることをちゃんと伝えないと買ってもらえないことがわかった」と言います。「じゃあスマホやデジカメにない一眼ならではの価値って何？　ということを突き詰めて考えた結果、「このカメラは〝背景をぼかすと愛が高まる＝Focus Your Love〟という」メッセージで広告するべきだいうことに至りました。

この「背景をぼかすと愛が高まる」→「αNEXならそんな写真が簡単に撮れる」というのが、インサイト＝消費者のココロのツボです。

宣伝部と広告代理店はこのインサイトを元にした広告コミュニケーションを企画し、「背景ぼかしの機能って、最初は階層の奥のほうにあるような目立たない機能だったんです。それを〝背景ぼかしコントローラー〟という名前をつけてメインフューチャーに持って来」ることにも成功します。

「背景ぼかしを訴求したCMは今までな」く、αNEXは大成功を収めるのです。

CMだけではなくウェブ等も積極的に活用したこの広告コミュニケーション。担当した広告代理店・博報堂ケトルのホームページによれば、キャンペーンの概要は以下のようになります。

新旧の広告戦略のポイントを比較してみた

New Style	Old Style
★ 有効な USP を持たない商品が増えている。	☑ USP を伝えるのが広告の基本。
★ 一見はっきりしたUSP であっても、消費者が動かないケースも多い。	☑ USP は、「その商品にしかない売り込みの効く主張」。
★ 消費者自身が気づいてない、「ココロのツボ」を発見せよ。	☑ “売り込みが効く”は事前に証明できないので、“他社では言えない”を重視。
★ ココロのツボ＝インサイトの発見が、広告の基本となる。	☑ ライバル社でも言える内容は、それだけで NG。
★ 商品開発側の意図とまったく異なるインサイトが発見されることも。	☑ ハッキリしたUSP がある時は、それを伝えるに限る。

「拡大する一眼カメラ市場に向けて、ソニーが市場導入した小型デジタル一眼カメラαNEX。一眼カメラにステップアップしたいコンパクトデジタルカメラユーザーに向けて、『背景をぼかして愛するものを撮る』という一眼カメラならではの実感できる高画質基準を初めて宣言しました。ＣＭ、グラフィックは北川景子さん、浅野忠信さんがご自身が本当に愛するものを背景をぼかして撮りにいくリアリティにこだわり、ＷＥＢサイトには、そのドキュメンタリーを18分のショートムービーで見れたり、『背景ぼかしコントロール』を疑似体験できるコンテンツを作成しました。ＣＭ楽曲として使用したＪＵＪＵさんがカバーした〝Hello Again ～昔からある場所〟は、αNEXで愛する妻を撮り続けた男のストーリーのＰＶを作成。〝Love Zine〟という手作りフォトブックを作るという新しい一眼カメラの楽しみ方のカルチャーを提案したり、αNEXを着こなすコーディネートを提案する〝α for you〟という活動も展開。**αNEXは、ソニー初、一眼市場での単体シェア１位を実現、一眼市場での３強ブランドの仲間入りを果たす大ヒットキャンペーンになりました**」

結果が証明しているのは、「『背景をぼかして愛するものを撮る』ことが簡単にできるカメラ」というインサイトはまさに、刺激されれば消費者がその商品を買いたいと思う「ココロのツボ」だったということです。

このように、適切なインサイトの発見は、現代の広告コミュニケーションにとって、強力な武器になります。まずはみなさんが扱う商品の「消費者のココロのツボ」を探る努力を、繰り広げてみるべきでしょう。

ところで、読者のみなさんはお気づきかもしれませんが、インサイトは「個別の商品のココロのツボ」というよりは、「その商品カテゴリーのココロのツボ」であることが多いようです。〃牛乳〃とか〃デジタル一眼カメラ〃といった、商品カテゴリーです。

αNEX の場合は、その「商品カテゴリーのココロのツボ」である「背景をぼかして愛するものを撮る」というインサイトの発見を、商品にまでさかのぼって「背景ぼかしコントロール」という機能としてスポットライトを当てたことに、勝因があったと言えるでしょう。

まとめ

インサイトの活用で注意すべき3つのポイント

「インサイトの発見」は、パワフルな方法論として、世界中の広告代理店で頻繁に活用されているやり方です。

「通常把握できない何か」だったり「本人も気づいていない何か」や「今はまったく意識していない何か」を発見し、それを自社製品と結びつけていくこのやり方は、必ずしもいつも簡単にできることではありませんが、もしまだ活用していないのであれば、ぜひ、試してみてください。

その際の注意点を、３つ挙げておきます。

①インサイトの主体はあくまで消費者にある

αNEXの例でいうと、商品開発者が考えた意図、すなわちUSPは「世界最小・最軽量」にありました。しかし、消費者のインサイトはそこにはなく、「〝背景をぼかして愛するものを撮る〟ことが簡単にできるカメラ」にありました。

宣伝部や広告代理店としては、〝オリエン破り〟になることを覚悟しましょう。

②インサイトとは調査して発見するものである

インサイトの考え方は、消費者の意見、しかも心の奥底にある意見にフォーカスするやり方です。それが本当に売りにつながるのか？　を、社内の多くの人にわかってもらうのは簡単ではありません。

ここは、調査が必要です。そこで〝発見したインサイト〟のほうが売りにつながることが広告主の社内で理解されなければ、次に進むことはできないでしょう。

③商品カテゴリーのインサイトを、個別商品の魅力につなげる

インサイトは、その商品固有のものではなく、商品カテゴリー全体のものである場合が多く見られます。それでも、今まで言われていないメッセージであれば、十分に効果が見込まれます。しかしできれば、αNEXの〝背景ぼかしコントローラー〟のように、当該商品の魅力としてフィーチャーするのが望ましいと思います。

Chapter

2

【表現は統一するな】

消費者との接点によって見せ方を変える

Case 03

若者を狙った「噛み心地、ふんわり」のガムが新発売

満を持して発売する新製品は、噛み心地に特徴があるガムだ。通常のガムより、かなりソフトにできている。調査で出てきた「噛んでると口が疲れるから、ガムは噛まない」という意見に対応して開発された。宣伝部では、どんな広告戦略でいくかの会議が始まった。

Old Style の 広告会議

キャッチフレーズは同じものを使うほうが広告表現として効率が良い

「噛み心地、ふんわり」。商品性に自信を深めた宣伝部は、商品特徴をストレートに表現したキャッチフレーズで展開することを決定した。「ふんわりとした柔らかな魅力」を持つと言われる女性アイドルのAを起用することも決めた。

広告代理店から提案されたテレビCM案は、ふわふわのベッドの上に寝そべるAが、カメラに向かって「いっしょに、ふんわり、しよう」と語りかけるものだった。

バナー広告を担当する制作会社からは、商品の質感をみごとにとらえたアップの写真に、当初決めた「噛み心地、ふんわり」の文字を、ふわふわした見た目の文字であしらった案が出てきていた。

この会社では、テレビCM担当者とバナー広告やウェブサイトの担当者は別の人間が担当している。それぞれが宣伝部長に報告をすると、宣伝部長の雷が落ちた。

「君たちは、IMCやワンルック・ワンボイスを知らないのか！　テレビもネットも、同じビジュアル、同じキャッチフレーズで展開するのが、常識だよ！　効率を考えろ、効率を！」

震え上がった担当者たちは打ち合わせを繰り返し、折衷案に落ち着いた。

メインビジュアルはベッドの上に寝そべるタレントA、メインのキャッチフレーズは「いっしょに、ふんわり、しよう」とし、ただし、商品のアップもそれなりの大きさであしらい、その近くに「噛み心地、ふんわり」をサブのキャッチフレーズとして入れるというものだ。

部長のOKも出て、テレビCMも、バナー広告も、ウェブサイトの新しいメインビジュアルでの展開も始まった。ワンルック・ワンボイスにより、異なるメディアの表現も統一され、大きな効果が望めるはずだった。

しかし、ひと月が経ち、3カ月が経過しても、なかなか売上は伸びなかった。マスメディアで取り上げられるようPR施策も仕込むものの、目立った反響はなかった。社内では、「商品は良かった。広告がダメだったのではないか？」との宣伝部批判も出始めてしまった。

New Styleの広告会議

消費者との接点によって時には大胆に伝え方を変える

勉強家の担当者たちは、ワンルック・ワンボイスがもう古いということを、学んでいた。「同じビジュアルで、同じキャッチフレーズで」、テレビCMから、店頭ポスター、バナー広告、自社ウェブサイトを統一してみても、それは送り手の一種の自己満足で、受け手に興味を持ってもらえなければ、何にもならない。

テレビCMはテレビCMで効果が上がるような表現を考え、インターネットでのプロモーションはインターネットで効くような表現を考えよう。もちろんメッセージは統一したうえで。そして、できれば、違う表現のまま連動できることも考えよう。

テレビＣＭの担当者とインターネット関連の担当者は別人だったが、協力して効果的な広告コミュニケーションを作り出そうと、打ち合わせを繰り返した。

さらに、社内でしだいに明確になってきたことは、この新製品は「ガムを噛んでいない若者層の取り込み」も大きなミッションだということ。

そうなると従来の広告の枠内で、どんなに上手に「噛み心地、ふんわり」を伝えても、もともとガムに興味のない若者たちは、見向きもしないだろう。難しい課題だ。

何日も議論を重ねた末に、やぶれかぶれのように、テレビＣＭ担当者が言った。

「若者がガムに興味がないのだったら、若者が興味のあるものに、このガムをくっつけちゃえばいいんじゃない？」

なるほど、とうなずいたインターネット関連の担当者は、

「若者の好きなものと言ったら、歌とダンスかな？」

と続けた。

そこから議論は続き、最終的にはインターネット上でのダンスコンテストを中心に、広告コミュニケーションを組み立てることとした。

テレビＣＭでは「噛み心地、ふんわり」を表すような〝ふにゃふにゃ〟としたダンスを、人気のタレントに踊らせた。自社ウェブサイトに用意したのは、ダンスコンテストのサンプルとなる動画だったり、振り付けの説明図だったり、ダンスコンテストに応募してもらうための環境づくりが主なものとなった。

「広告戦略」と「伝え方の手順」はこんなに変わった

New Style

全体最適を図るが、送り手側の都合ではなく、あくまでも受け手側の都合で考える。

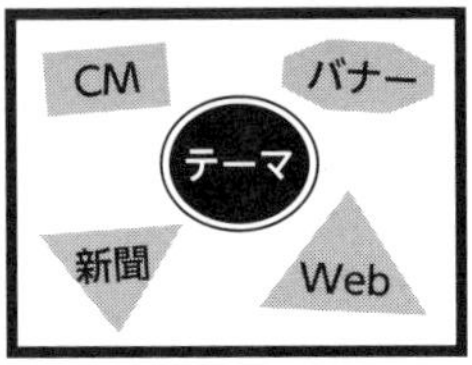

同じメッセージや同じテーマで連動を図るが、見た目やストーリーはメディアごとに変える。

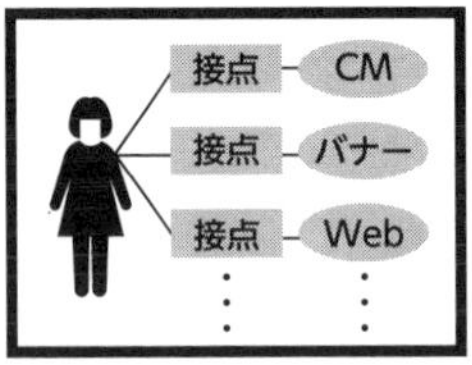

ユーザーがそのメディアに接する事情や都合に合わせて、最適のものを作る「顧客接点マネジメント」を。

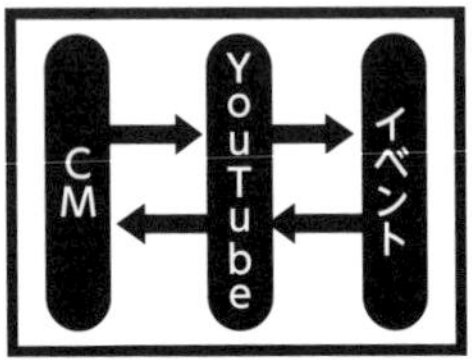

統一から連動へ。表現上の「統一」はあえて行わず、複数の接点を、「連動」させる。

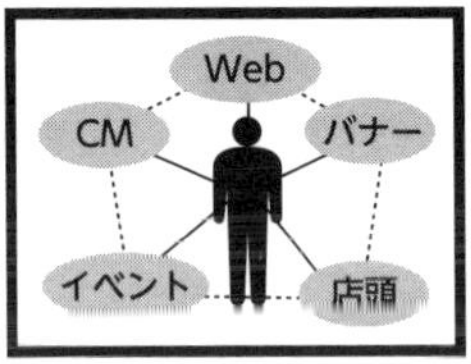

複数のメディアを横断して受け手が接してくれれば、大きな成果が見込める。

Old Style

「テレビCM担当、ネット担当などがそれぞれ別々に、自分がいいと思うものを考える」のは、非効率。

テレビCM、雑誌広告、ネット。いろいろやる施策の効果を最大限にするべきだ。

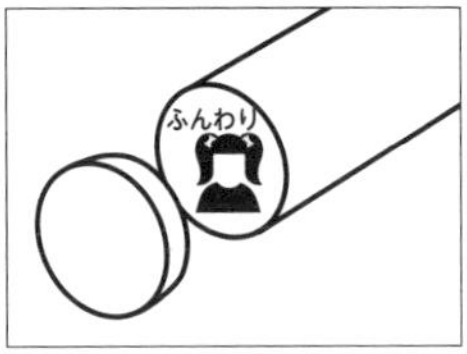

「ワンルック・ワンボイス」。テレビもネットも同じビジュアル、同じコピーで統一せよ！

送り手から見た“効率化”はバッチリ。企画者側にある種の満足感も。

しかし、当たり障りのないものになりがちで、受け手の目線で見た場合、効果の薄いものに。

こうして消費者との接点によって、見せ方を変え、用意するものを変えて、そのうえで複数のメディアを上手に連動。かなりのヒット商品となることに成功した。（※ロッテのガム〝フィッツ〟の事例を参考にした創作です）

Old Styleの広告戦略

テレビもネットも、同じビジュアル、同じコピーで統一せよ

◉個別最適を求めていた状況から、全体最適としての「統一」へ

広告主も広告代理店も、縦割りの組織が一般的です。雑誌広告やテレビCMを制作する部門と、店頭グッズを作りイベントを仕切る部門は異なっています。

そうすると、バラバラのものができあがってきます。

飲料の広告で、テレビCMでは女性タレントの笑顔が中心で、雑誌広告は含まれる成分をメインに扱い、店頭ポスターでは「一気に飲めるウマサ」などと伝えている、なんていう例も、存在しうるわけです。

各部門が「個別最適」を求めて、勝手にベストと思われるものを作り、全体としてはチグハグなものとなり、相乗効果も期待できない。以前はそんな状況が、一般的に見られました。

そんな状況の中、『広告革命　米国に吹き荒れるIMC旋風』という本が、１９９４年電通から出版されます。この本をきっかけに、IMCは一種のブームになります。

◉初期ＩＭＣでは、ワンルック・ワンボイスの金太郎飴が基本

当時のＩＭＣ（Integrated Marketing Communication）＝統合型マーケティング・コミュニケーションを象徴する言葉は、「ワンルック・ワンボイス」で、「同じ見た目で、同じキーワードで」と理解されていました。効率的な「統一」が求められたわけです。最も単純に考えると、たとえば、タレントが同じ笑顔で、同じキャッチフレーズで、テレビＣＭも雑誌広告も店頭ポスターも展開する。つまり、どのメディアを見ても同じに見える、という金太郎飴状態。

この頃のＩＭＣと「ワンルック・ワンボイス」の基本は、そういうことでした。学問的にはＩＭＣはその後も進化を続けるのですが、日本の多くの現場でのＩＭＣの理解のされ方は、そこにとどまってきたように思います。その意識はネット登場以降も現在まで変わらず、「ネットもテレビＣＭも店頭ポスターも、同じビジュアル同じコピーで、統一しなてくは！」と素朴に考え、疑いを持たない人が多いのが現状ではないでしょうか。

New Style の 広告戦略

消費者の都合に合わせて、違うビジュアル違うコピーで。「顧客接点マネジメント」という考え方

◉ネットの隆盛と、「クロスメディア戦略」の流行

広告はもともと、広告自身だけでは存在し得ず、メディアの活用によって成り立っています。

メディアの状況によって、広告も変わらざるをえないのです。

インターネットは登場以来、広告の世界でも徐々に勢力を増し、2004年には、インターネット広告費が4マスの一角であるラジオ広告費を抜き、広告業界にショックをもたらします。インターネット広告費はその後も増加を続け、今やテレビ広告費に次ぐ第2位の地位を不動のものにしています。

自社ウェブサイトを始めとするインターネットには、広告を送る側から見て、従来の広告とは異なる3つの特徴があります。

ひとつは、マスメディアのように広告以外で人々が見たいと思う番組や記事が存在しないので、広告自体が見たいと思われる存在でなければならないこと。

2つめは、テレビや新聞など広告を乗せて受け手まで送り届けてくれるものが存在せず、クリックなどの能動的アクションを通じ広告自体をめざして、向こうから来てもらわなければいけない、ということです。

そして3つめは、向こうから来てもらうに値する広告（コンテンツ）を作れたとしても、その存在を知ってもらう必要があり、そのためには消費者たち自身の手で拡散してもらわなければならない、という点です。

こうして、2000年代に入ると、「クロスメディア」という用語が一般的になります。

『わかりやすい広告論』（石崎徹編著、八千代出版）によれば、「クロスメディアとは、複数の広告メディアを活用したときに、（中略）インターネットでの検索や購買といった効果を発揮させることを目的とした媒体戦略」のことを指します。

クロスメディア戦略は、ごく単純に言えば、「初期ＩＭＣにインターネットをプラスしたやり方」と捉えることもできます。しかし、すでに述べたように、インターネットはそれまでの広告メディアとは特徴が根本的に異なります。

◉テレビとネットでは、見る時の消費者の気持ちは異なる

この、特徴が根本的に異なるインターネットが加わったことによって、ワンルック・ワンボイス型の金太郎飴的統一は、そのメリットを失っていきます。

消費者のメディアとの向き合い方も、テレビや新聞とインターネットでは、まったく異なっています。

テレビで言えば物理的に少し離れたところにあり、向こうから一方的に送りつけてくる番組があり、その間に挟まれる広告の中で、たまに気になるものがあれば記憶にとどめるといった向き合い方です。

ところが、インターネットは、ふつう手元にあるＰＣのキーボードやスマートフォンで見ます。そして、入力しクリックするという極めて能動的な行為をする「場」でもあります。

消費者の側からすれば、テレビや新聞を見ている時と、インターネットに相対している時では、気分も行動様式も状況も、まったく違うのです。

インターネットが普及した今から考えれば、初期ＩＭＣにおけるワンルック・ワンボイス型

新旧の広告戦略のポイントを比較してみた

New Style	Old Style
★ キーワードは、「顧客接点マネジメント」。	☑ キーワードは、「ワンルック・ワンボイス」。
★ ネット、テレビCM、ポスターなどそれぞれに合わせた表現で。	☑ ネットもテレビCMもポスターも、同じ見た目で、同じキーワードで。
★ たとえば、テレビCMではインパクトを。上手にWebにつなげて詳しい解説を。	☑ さまざまなメディアの広告表現を統一することで効率化を図る。
★「統一」ではなく「連動」を図る。	☑ 金太郎飴的な統一。
★ 受け手側の都合に合わせた工夫を。	☑ 送り手側から見た効率化。

の統一は、送り手側の都合であり、送り手側から見た効率でしかなく、受け手から見たら〝勝手な〟統一に過ぎません。

むしろ、消費者の都合や状況に合わせて、適宜最も有効なビジュアルやコピーを考察するべきなのです。

◉「統一」から、「連動」へ。東京ガスとロッテ〝フィッツ〟の例を見ながら

近年成果を挙げているものには、さらに、「統一」ではなく「連動」を強く意識したものが多く見られます。「同じメッセージ」や「同じテーマ」を中心に連動を図り、見た目やストーリーはメディアごとに変えるというやり方です。

たとえば、**数年にわたり高い人気を保っていた、〝東京ガスストーリー〟のシリーズ**があります。

2011年の床暖房のテレビCMでは、妻夫木聡、桐谷美玲、東幹久、楽しんご、などが登場し、ドラマが繰り広げられます。「部屋全体が暖まる」といったフレーズは聞かれますが、30秒の大半は、記憶喪失にまつわるシュールなドラマ展開です。

なぜガスの床暖房が良いのか、といった機能的な説明は一切なく、最後に「東京ガスストーリー2を検索」といったメッセージが現れます。

それに惹かれて東京ガスのウェブサイトに行くと、同じ登場人物による3分ほどの動画によって機能的説明を詳しく行うといった構造でした。

自社ウェブサイトで詳しく説明されているような機能的特徴は、15秒や30秒のテレビＣＭでは、説明が困難です。もしかろうじて説明できたとしても、エンタテインメントの要素や目を引く要素を盛り込むことはできず、誰にも注目されないものとなってしまいます。

したがって、テレビＣＭではシュールなドラマで注目を集め、自社ウェブサイトへの誘因を図り、自社ウェブサイトでは、テレビＣＭと連動を図りながら詳しい機能的説明も無理なく行い、実際の購買に結びつくアクションへとつなげていこうとするわけです。

複数のメディアの効果的な使い方が「統一から連動へ」と変化してきた背景には、このように、複雑化した現代の商品ではその機能的特徴が一言では説明できないほど複雑になっている、ということも挙げられます。

続いて、**ロッテのガム〝フィッツ〟の事例。この事例も、テレビＣＭとインターネットをみごとに連動させたもの**と言われています。朝日新聞社広告局@ＡＤＶの２０１０年9月16日の記事を参考にして、ご紹介していきましょう。

２００９年に始まったテレビＣＭでは、佐藤健、佐々木希といった人気タレントを起用し、「噛むんと、ふにゃん」「噛むんと、やわらか」と、ソフトな食感をメッセージしています。ストーリーは特になく、全編ゆるーい歌と〝ふにゃんとした〟ダンスで構成されています。

一方、インターネット上のプロモーションで主役となったのは、このテレビＣＭ自体ではありませんでした。

「テレビＣＭのフィッツダンス」をオリジナルアレンジした作品をYouTubeに投稿し、再生

回数ランキングで1位になった人に賞金が当たる、というダンスコンテストです。

実施にあたっては、「応募しやすい環境づくり＝おもてなし」も手厚く行われました。

自社ウェブサイトでは、テレビＣＭの楽曲ダウンロードが可能で、また、ダンスレクチャームービー、振り付け説明図、ダンスのサンプル動画なども掲示。

「どんどんまねしてノッてもらうための仕掛け」をしたと言います。結果として、参考にした記事が書かれた時点で、**総再生回数が２１００万回を超え、企業のスポンサーチャンネルとしては全世界1位を記録**。**応募作である１７３２本の動画を公開しました**。

これは、「ダンスコンテストの名を借りて、１７００本以上の別バージョンのＣＭを制作し、『YouTube』で公開したのに等しい効果があった」と考えられます。

また、再生回数のみを競うキャンペーンだったため、「自分周辺に自発的に自己ムービーを宣伝、つまり一挙にロッテの宣伝マンが１７００人以上生まれたようなもの」だとも言えるわけです。

このテレビＣＭとインターネットのみごとな連動は、売上に大きく貢献、半年で５０００万個出荷という「想像を超える」成果が生まれました。

この事例の背景には、きちんとした狙いがありました。

そもそもフィッツは、ガムからの離反層の興味喚起というミッションを持っていたのです。

「かむのが面倒くさい」「口が疲れる」といった彼らの反応から、ソフトな食感という商品特徴

フィッツの販促に一役買った「ダンス動画投稿コンテスト」

〈Fit's コンテストサイト〉

応募作品は 1732 本、総再生回数は 2100 万回を超えた

も導き出されました。

しかし、「それをそのまま伝えても、もともと興味のない人たちの心には響かない」。であれば、商品特性を語るよりも、「若者の琴線に触れる表現に徹しよう」ということで、「ガムではなく、歌とダンスをはやらせてしまおうという戦略」を取りました。

僕自身、このテレビCMを見た時、テレビCM単体としては、「ソフトな食感」を表現しようとしてはいるものの、さほど優れた表現には思えませんでした。

しかし、このダンスコンテストとの連動を知ると、がぜん感想は変わりました。

僕の理解では、このテレビCMは、①フィッツの商品広告としての役割と、②「ダンスコンテストの広告」の役割（明示はされてませんが）を担っていて、機能としては②の「ダンスコンテストの広告」の要素が強かったのだと思います。

まとめ 顧客接点マネジメントを上手に進める4つのポイント

こうした事例を考えるに当たっては、「顧客接点マネジメント」という考え方が、とても役に立ちます。『新しい広告』（嶋村和恵監修、電通）という本を参考にして、「顧客接点マネジメント」について、説明していきましょう。

顧客がある商品に関する情報を手に入れるルートはさまざまです。

テレビＣＭや新聞広告、バナー広告などから、企業からのストレートな情報を得ることもあれば、自分でその商品を使っている時、また自分以外の人が使っているのを目にした時に何らかの情報を得る場合もあります。

商品を扱う店舗内でのさまざまな刺激や、友人、知人の会話、どこかから伝わってくるうわさ話、ネット上の書き込み、企業のウェブサイトの情報、さらに、テレビ番組やニュース、新聞、雑誌の記事などからの情報もあります。

こういったさまざまなルートの中で、商品やブランドと顧客（消費者、ユーザー）をつなぐ有効な接点となるものが、「顧客接点」です。

そして、いわゆる広告活動だけでなく、あらゆる顧客接点に着目して、それらを十分活用して最適な施策を組み立てていくことが、「顧客接点マネジメント」と呼ばれる考え方です。

「顧客接点」は、英語ではコンタクトポイントとかタッチポイントと呼ばれます。また同様の考え方は「360°コミュニケーション」などという言い方でも一般的で、今や大手広告代理店では、日常的に常識として考えられるようになっています。

「360°コミュニケーション」というのは、テレビＣＭ、ポスター、ウェブサイトなどはもちろん、店員の制服やセールストーク、うわさ話まで、「３６０度あらゆる顧客接点」を考慮し、課題や予算や状況に応じた顧客接点を抽出し、活用することを言います。

この時、今まで意識にのぼっていなかった新しい顧客接点を俎上に乗せること自体が、ひとつのアイデアになります。

ご自身の扱う商品やサービスの広告コミュニケーションを考えるに当たっても、ぜひ「顧客接点マネジメント」の考え方を活かしてください。

その時のポイントを4つにまとめておきましょう。

①メッセージやコンセプトは統一したうえで、表現上の「統一」はあえて行わない。

②ユーザーがそのメディアに接する事情や都合に合わせて、最適のものを作ろうとする。

③今まで考慮して来なかった顧客接点を、「360度」にわたって検討してみる。

④さらに、複数の「接点」を「連動」させることを意識する。

上記④で連動させるべきものとして現在では、インターネット、つまり自社ウェブサイトやフェイスブックページが一般的です。

チラシを作る時も、自社ウェブサイトとの連動を考える。看板の表現にも、フェイスブックを見たくなるようなきっかけを作ってみる。

店頭販売員のセールストークにも、ツイッターアカウントとの連動を盛り込んでみる。

自社ウェブサイトに人を呼ぶような、動画コンテンツをYouTubeに投稿してみる。

そんなふうに、さまざまな「顧客接点」に着目して、新しいタイプの広告コミュニケーションにチャレンジしていくことが、これからの〝効く広告〟には必須のチャレンジになっています。

Chapter

3

【わざとわかりにくく】

消費者に謎をかけて突っ込ませる

Case 04

販売不振だったバータイプの機能性食品を全面リニューアル

以前に出した同様の商品が振るわなかったあとを受け、全面リニューアルした新製品。バータイプの機能性食品で、味の良さはもちろん、〝食べ応え〟に特徴があることから「腹持ちがっつりバー」と名付けられた。今度こそ売りにつなげようと、広告戦略の会議が始まった。

Old Style の 広告会議

大物タレントを起用したテレビCMで訴求ポイントをわかりやすく解説する

ターゲットは、20〜30代の働く男性。外出先でもすばやくエネルギー補給ができるように、通常より大きめで〝ガッツリと食べられる〟のも特徴だ。満足感と腹持ちの良さをサポートするための食物繊維を配合、また栄養面から元気をサポートするため5種類のビタミンも配合した。

知名度と共感性の両方を意識し、大物でありながら親しみ感のある男性タレントBを起用することも決めた。訴求ポイントは、たくさんあった。また、全体としてのコンセプトも、「仕事でのもう一頑張りを後押し」と決まった。

宣伝部員は、張り切った。商品の機能的な特徴もぜひ、訴えたい。5種類のビタミンがどんな効果をもたらし、他の商品に比べて、なぜ腹持ちがいいのか、どんなふうに「仕事でのもう一頑張り」を後押しできるのかを、わかりやすく伝えなければならない。

15秒のテレビCMで、これら全部を伝えるのは至難の業だが、可能な限り伝えつつ、タレントBの知名度と親しみやすさを活かせる案がいい。

広告代理店の協力も得て、いくつもの案が浮かんでは消えていった。最後に落ち着いたのは、オフィスを舞台として、ちょっとした失敗で凹んでいる後輩に、タレントBが商品を渡しながら、「腹持ちがっつりバーで、もう一頑張り」と励ます内容だった。

さらに2つのバージョンを作り、バージョン1では「腹持ちの良さの理由＝食物繊維配合」についてできるだけわかりやすく解説することとし、バージョン2では「5種類のビタミンによる健康サポート」について、こちらも可能な限り解説することとした。ターゲットの実感を損なわないよう、オフィスのセットにもお金をかけ、一流の演出家を起用してクオリティにも十分に配慮した。こうして完成したテレビCMは、わかりやすいと部内での評判も上々で、大きな期待がもたれた。

ところがオンエア後も、なかなか売上は伸びなかった。やはり先行する他社の人気商品には勝てないのか？　会社全体には、微妙にあきらめの雰囲気も漂い始めた。

New Style の広告会議

変な歌をバックに大物タレントが変なダンスをするテレビCMが大好評を博す

今度の新商品は、確かにいい商品だ。ひとたび手に取り、何度か食べてもらえば、ファンにもなってもらえるはずだ。だが、このカテゴリーは競合に、人気の商品、知名度の高い商品がひしめいている。競合商品のテレビCMを始めとする広告量も、ハンパじゃない。ごく普通に「いいテレビCM」を作っても、なかなか勝てそうもない。

担当者たちは、そんなふうに状況を認識するところから、ディスカッションを始めた。インターネットやソーシャルメディアが発達し、マスメディアの影響力が相対的に落ちていることの時代、商品特徴を上手にわかりやすく伝える広告を作っても、注目してもらえなければ効果は望めない。

新聞1ページの広告、15秒のテレビCMといった「枠の中」でどれだけクオリティの高いものを作っても、空振りする可能性はけっして低くない。

広告賞などで世界の先進事例を見ていてもそれは感じられるし、一消費者に立ち戻ってみれば、自分たちの実感としてもうなずけることだ。

しかし、それでは、どんな広告コミュニケーションを組み立てればいいのか？ 自分たちにその経験値はない。ここは議論を積み重ねて、チャレンジをしてみるしかない。

広告代理店からもさまざまな提案をもらいつつ、担当者たちは議論を重ねた。そこで、次のような3つの方針が決まっていった。
①「がっつり」という語感は引っかかりがあるのでこれを活かそう
②大物男性タレントBの起用の仕方も、えっ!? という驚きのあるものに
③全体としてクオリティ感のあるものではなく、あえてツッコまれそうなもので話題化を試みよう
最終的に決まったのは、オフィスを舞台に「がっつり、がっつり」と繰り返す変な歌とダンスを、タレントBを中心に繰り広げるというもの。全体としてクオリティ感からはほど遠く、珍妙なでき上がりとなった。

放映されると、「狂気じみてる」とか「Bよ、仕事を選べ！」など、多くのツッコミがネッ

「広告戦略」と「伝え方の手順」はこんなに変わった

New Style

情報過多時代のイマドキの広告は、わかりやすいだけでは、スルーされやすい。

わざとわかりにくくして、消費者の参加性を高める。「ナニコレ？　のち、ナルホド」を目指す。

「クオリティ感」から自由になって、ツッコマレビリティを意識する。

引っかかりやフックではなく、「欠けたピース」をつくって受け手の参加意識を高める。

スルーされにくくなり、話題にしてもらうことで、広告効果につながる。

Old Style

アイデアを考え、選ぶときは、わかりやすさがいちばんのポイント。

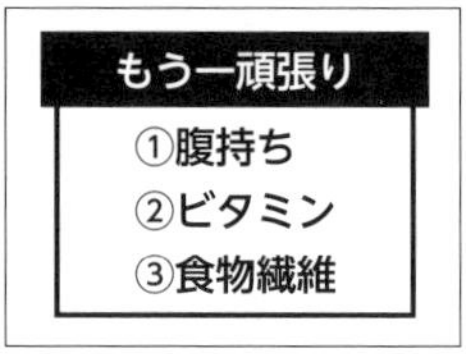

いくつかある商品特徴を、とにかくわかりやすく整理して伝える。

いわゆるクオリティ感も大事。妙なものは、世の中に出せない。

そのうえで、可能な範囲で、引っかかりやフックを考える。

そもそも、その広告や商品に興味を持っていない受け手は、いくらわかりやすくしても積極的に見ようとはしない。

ト上に溢れた。そして、そのことにより商品への注目は高まり、先行する人気商品を抜き去る高い売上が達成された。

（※アサヒフードアンドヘルスケアの〝1本満足バー〟の事例を参考にした創作です）

Old Styleの広告戦略

広告コミュニケーションは、とにかくわかりやすく

◉広告表現は、わかりにくいよりわかりやすいのがイイに決まってる！

「C案に決定！　だってさ、わかりやすいじゃないか」


広告ビジネスの現場では複数案、通常3～5案程度を広告代理店が広告主に提案し、その中から広告主が案を選び、さまざまな要望点を加味して進行していくのが通常です。

しかしながら、このアイデア選びは、簡単ではありません。どの案で行けば消費者が商品を覚えてくれて買いたくなり、結果的に売上アップにつながるかが、はっきりとわかることなど、そうそうないのです。

そうすると現場では、「わかりやすい」ということが案の決定理由になっていきます。

「わかりやすいかわかりやすくないか」の判断は、比較的簡単です。10人に見せて、9～10人が瞬時に意図するところを理解すればいいわけですから。

あなたの職場でも、「わかりやすいかどうか」が、案選びの基準になっているのではないでしょうか。この傾向が進むと、「わかりにくい」という理由で、案を否定するケースが増えてきます。なぜなら、「わかりにくい」ことを判断するのもかなり容易だから、です。

さらに、この「わかりにくいものはダメ」で、「わかりやすいことが良い」とする判断基準をさらに進めて、「消費者は、少しでも頭を使わせたら、逃げていく」から、とにかくにも「わかりやすくなければダメだ」と主張する広告主の担当者の方も、少なくありません。「池上彰さんを見てみなよ。あのわかりやすさ。池上さんの解説を聞きたくて読みたくて、視聴者が群がっているじゃないか」と、そういうわけです。

そうした考え方からすると、広告表現はすべて「わけがわかって」いて、「それだけで完結して」いて、「何を言いたいか明瞭にわかって」いるものが良いと考えられるわけです。

そのうえで、「何か引っかかりが作れないか」「フックになるものはないか」と、苦悶します。

New Style の広告戦略

わざとわかりにくくして、消費者の参加性を高め、「スルー」を防ぐ

◉今どきの広告は、わかりやすいだけではスルーされる可能性が高い

池上さんの「わかりやすさ」の人気が高いのは、聞く人が「知りたくて聞きに来ている」という状況だからです。知りたいと思っていることがあり、それを「わかりやすく」解説してく

れるからこそ、人気があるのです。

しかし、広告と解説は、大きく異なります。広告はけっして「解説」ではありません。見る人が「見たくて」見ているものではないのです。それとは逆に、番組や記事の間に挟まって、番組や記事の視聴を「邪魔」し、無理やりに見てもらおうとしています。

「広告は邪魔ものなのだ」と意識するところから、真に効果的な広告コミュニケーションは始まります。この事実が、自社の商品やサービスが好きで、広告のために高いお金を払う広告主の方には、なかなか感覚的に理解しづらいように思います。

ここは「認識の反転」が必要です。

また、ここでもインターネットの発達は、消費者の行動に大きな影響を与えています。マスメディアしかなかった頃に比べると、日々の暮らしの中で「クリックする」という能動的な情報接触を行っているので、マスメディアに接する時でさえ、押し付けられることに対する拒絶感が昔より高まっています。

そんな状況で、まずは見てもらおうとする時点で、「わかりやすい」ことは、はたして有効でしょうか？　いえいえ、この時代、「わかりやすい」だけの広告コミュニケーションなど、誰にも関心を払われず、無視されスルーされるのが目に見えています。

◉欧米スタイルのテレビＣＭは、わざとわかりにくくするのが基本

世界のオモシロＣＭ紹介といった番組で、欧米のテレビＣＭをご覧になったことがおありで

しょうか。あそこに取り上げられるものの基本構造は、「ナニコレ?　のち、ナルホド」です。

たとえば、**「朝の目覚めに良い紅茶」のテレビCM**。「わかりやすく」するのであれば、やわらかな朝の陽光の中、目覚めた主人公が商品の紅茶を飲んで、爽やかに起き上がる、といったストーリーになるでしょう。

ところが、あるイギリス紅茶のテレビCMは、こうです。眠っている主人公の夫婦がベッドで冷水を浴びせかけられるところから、ストーリーは始まります。子どもたちもそれぞれ冷水を浴びせられ、「やっぱりこの紅茶で目覚めるほうがいい」というラストにつなげる構造となっています。

あるいは、同じく**イギリスの男性用ボディスプレーのテレビCM**。十代とおぼしき若い男女が裸でベッドで目覚めるところから始まります。2人は徐々に衣服を身につけながら、どこかに向かって道を進んでいきます。

すっかり普通の格好になり、最後に行きついたのはスーパー。そこでお互い靴を見つけて履くと、2人は別々の方向へ。そこに、商品が掲示され、商品の特徴とメッセージが伝えられます。

「チャンスはいつ訪れるかわからないから。24時間効き目の持続する、このボディスプレーをどうぞ」

最後の最後に、やっと意味がわかる。それも、ボーっと見ていると、意味がわからない人も出てくるぐらいの伝え方。「わかりやすさ」基準で言えば、相当にダメなテレビCMです。

新旧の広告戦略のポイントを比較してみた

New Style	Old Style
★「わざとわかりにくく」するのも、方法論のひとつ。	☑ 広告は、とにかくわかりやすく。
★ 消費者に謎をかけて、突っ込ませる。	☑ 商品特徴を、どう受け手に伝わりやすく言えるか、がポイント。
★「遠から近へ法」。なるべく関係ないところから考え始める。	☑ お茶ならお茶らしさ、デジタル機器ならデジタル機器らしさ、が大切。
★ いわゆる「クオリティ感」から自由になって、ツッコマレビリティを！	☑ 表現として、なるべく「クオリティの高い」ものを目指す。
★ 凹型コミュニケーション。受け手に、欠けたピースを埋めさせることで、参加性を高めようとする。	☑「商品特徴」×「ターゲットの実感」。

しかし、このテレビCMは人気が高く、またこの商品も売れ、国際賞でも高い評価を得ています。

このように、「わかりやすさ」を基本におくことをハナから否定し、わざとわかりにくくすることで、スルーされることを防ぎ、興味を持ってもらい、商品のメッセージを記憶に残し、気持ちに残すことをもくろんでいるわけです。

欧米では、これがここ十数年のテレビCMの作り方の基本だと、言います。

◉「ツッコマレビリティ」――突っ込まれやすさ、で消費者の参加性を高める

欧米のテレビCMは10年以上も前から「ナニコレ？ のち、なるほど！」を基本に作られていたわけですが、デジタル時代になって、「わかりにくい」に、もうひとつの流れが登場します。

それが「ツッコマレビリティ」――突っ込まれやすさ、です。

広告業界では、デジタル系のクリエイターの方々が早くからこのキーワードを使っていました。つまり、完璧を目指さないということ。いわゆる完成度の方向に行かず、見る人が、「突っ込む」ことで参加し、そのことで、拡散を狙うというものです。

「ツッコマレビリティ」を意識した広告コミュニケーションの場合、何の広告か？ 何が言いたいのか？ 一見、わからないケースも出てきます。しかし「何の広告だか、一瞬わからないじゃん！」ということが、「ツッコマレビリティ」の要因になるのであれば、それはそれで意

味があるわけです。

たとえば、**アサヒフードアンドヘルスケアの「1本満足バー」のテレビCM。草彅剛が、オフィスを舞台に、「まん、まん、まんぞく〜」という奇妙な歌と奇妙なダンスを披露するもの。**その内容は、商品特徴も訴えず、いわゆる好感を得るような内容ではなく、これっぽっちもカッコヨクもなく、ツッコミどころ満載です。

ライブドアニュース（2012年1月16日）によれば、「マジで狂気じみてる」「草なぎ仕事えらべよ」などの「ツッコミ」が多数ネット上にあげられたと言います。

また「どんな味がするかとか、商品の情報が入ってけぇへんやんか」という、OldStyle的なツッコミも目にしました。

さらに、ネット上には同CMのパロディがあふれ、なかには逆回転にしたものや、ニコニコ動画に見られるようなコメント（ツッコミ）付きのものまでがあげられ、何十万回も見られています。

筆者が聞いた話では、このテレビCMを企画したクリエイターはこういったことを「意図して」企画し、「突っ込まれる」ことを最大の眼目として、制作をしたそうです。

商品の売上も好調で、2006年に発売以来、**テレビCMを導入した2010年には、それ以前にトップシェアだったSoyJoyを抜き、2012年には累計出荷本数1億本を突破、2014年1〜9月のデータでも前年比119％と好調を維持**しています。

次に最近話題になったものとして、「カレーめし」のテレビCMの例も、ライブドアニュース（２０１４年8月30日）の記事を参考に紹介しておきましょう。こちらも、「放送事故だと思った」「（この会社は）どこへ行こうとしてるんだ？」などの声がネットを賑わしました。

このテレビCMは、日清のインスタントカレーご飯「カレーめし」のもの。水を入れてレンジで温めるだけで食べられる、カレー風味のご飯。ＣＭのほとんどのシーンが、「ゆるキャラが水に打たれているシーン」で構成されており、あとは無関係な音声が流れるだけ。「カレーメシくん自由すぎてヤバイな」「これが公共の電波に乗ったのか」「テレビがおかしくなったと思って焦った」などの声が寄せられました。

さらに、**第2弾の「シーフードカレーめし」のテレビCM**では、30秒間ひたすら花火が夜空に上がるシーンに、「ジャスティス、ジャスティス（コンセプトである正義、の意味の英語）」の声が流れ、最後の最後に「シーフード、出た」と表示されるだけのものを放映。「カレーめしの新ＣＭ、前にもましてヤバイ」などのネット記事も見られました。

この例などは、ツッコマレビリティの最たるもの。見た人が「ヤバイ」とか「放送事故？」といったツッコミを入れたくて話題にし、拡散していった事例でしょう。

そして、この広告コミュニケーションが人気を集めたことは確かなようで、売上推移は不明なものの、**公式ツイッターアカウントは、２０１４年４月20日に「売れすぎてまじびっくりなんだけど」と投稿しています**。

まとめ 「わざとわかりにくく」する広告で成功する3つのポイント

では、わざとわかりにくくして、消費者の参加性を高め、スルーを防ぐためには、どんなふうにしていけばいいのか？

そのヒントを３つのポイントにまとめてみました。

①「遠から近へ法」でわざと落差をつくる

まずは、商品やサービスから最も遠いところから、考え出してみましょう。

これは、欧米の広告代理店では、新人の時から徹底的に教わるというやり方です。

遠近法になぞらえて、「遠から近へ法」と名付けてみました。伝えたいメッセージが決まったら、テレビCMのストーリーも雑誌広告やポスターのビジュアル案も、そのメッセージから「最も遠いところ」から考え始めよ！　という教えです。

そうして「最も遠いところ」から考え始めて、30秒なら30秒で、商品に「近い」伝えたいメッセージまで持っていきます。そこの落差が、面白さや魅力や記憶に残る要素になる、という考え方と言えるでしょう。

普通、ストーリーもビジュアルも、「伝えたいメッセージ」の周りで考えがちです。

本格イタリアン・レストランなら本格イタリアンっぽく、最新技術搭載のデジタル機器なら最新デジタルっぽく。

しかし、この「遠から近へ法」に従えば、イタリアンレストランならまずはイタリアっぽい恋愛から考えてみる、とか、イタリアからも離れて「世界の食」から考えてみるなどを試してみましょう。

最新技術搭載のデジタル機器のビジュアルも、あえて手書きの文字から考えてみる、とか、子どもの絵から考え始めてみるとか、そういったことです。

「最も遠いところ」から始めて、「近く」の伝えたいメッセージにどう落とすのか？

これは、欧米の広告代理店社員も修業を必要とする部分ですので、多くの事例を研究したり専門家にアイデアを求めるべきです。ただ、外部のスタッフにお願いするにしても、こうした方法を促すことで、アイデアの幅は確実に広まると思います。

②いわゆる「クオリティの高さ」から自由になる

広告コミュニケーションを考える時、「クオリティの高いものを！」などと〝なんとなく〟言ったり思ったりしていませんか？

しかし、現代の広告コミュニケーションについて言えば、うかつに「クオリティの高い」ものが良いと考えるのは、ひじょうにリスキーです。

理由は2つあって、ひとつは、たいていの場合、「クオリティの高いっぽいもの」になりがちだからです。

1億円の予算を使って、世界有数の映画監督に撮影してもらうナイキのテレビCMなどを除けば、本当に「クオリティの高い」ものなどそうそう作れません。たいていの場合は、限られた予算、限られた時間、限られたスタッフで作るので、そもそも本当にクオリティの高いものなど無理なのです。

そうすると、単に「クオリティの高いっぽい」まがいものになりかねません。

2つめの理由は、受け手の側が、いわゆる「クオリティの高さ」など求めていないケースが大半だ、ということです。

ドヤ顔でクオリティの高い作り物を提示されるより、ツッコマレビリティに溢れ、突っ込むことで「参加できる」広告コミュニケーションのほうを好む人がたくさんいます。

突っ込まれたほうが、オイシイのです。それを目指さない手はありません。

③凹型のコミュニケーションを演出して消費者の参加意識を高める

次に、「凹型のコミュニケーション」というのを心がけてみましょう。凹凸の凹です。

つまり、引っかかりやフックだけではなく、「欠けたピース」を作るのです。足りないピースを受け手に埋めてもらうことで、惹きつけるわけです。

『「自分ごと」だと人は動く』（博報堂DYグループエンゲージメント研究会著、ダイヤモンド社）という本では、「凸」と「凹」として紹介されています。

以下、この本から引用します。

〈まず凸。生活者が興味や関心のきっかけを持てるような体験への「デッパリ」をつくることです。ここでは、企業からの押しつけ情報で他人ごとにならないように「自分ごと」になるテーマを反映させることが大切です。

凹とは、生活者が共振・共鳴・参加できるように、関与したくなる「クボミ」を用意して誘うこと。クボミの存在を生活者に委ねて託し、誘い込んでいくのです。参照する、参加する、話題にする、口コミする、質問する、クリックする、入力する、保存する……そう、突っ込みを入れる。このような生活者主導の意識行動を、企業側が受け入れるクボミを周到に準備するということです。〉

凸型のコミュニケーションでは、何か引っかかりやフックを作り、そこで目立って受け手の興味を引こうとしますが、それだけでは情報過多で埋没してしまったり、スルーされてしまったりします。

それに対して、凹型のコミュニケーションを心がけることで、受け手が関われるような部分を作るように設計し、体感してもらい参加性を高めようと意識するわけです。

Chapter

4

【まずは楽しませる】

「商品の良さ」より「イイ時間」を提供する

Case 05

お母さんが子どもと一緒に食べられるミルク味のキャンディが発売

今度の新製品は、ミルクの濃厚な味わいを活かしたソフトな食感のキャンディ。名前は「ソフかʼ」。キャンディなのに「かむ」ことで食感を楽しむ。そして、かんでも歯につきにくいから、子どもでも安心して食べられる。家事や育児に忙しい30代女性をターゲットに、子どもと一緒に食べられる新しいタイプのキャンディとして売り出す予定だ。

Old Style の 広告会議

泣き叫ぶ子どもにキャンディを与えると機嫌が良くなるというストーリーのテレビCMを作る

宣伝部員たちは、この商品の特徴をなんとかわかりやすくターゲットに伝えられないか、と頭をひねった。

伝えたいポイントは、いくつもある。〝濃厚なミルクの味わい〟〝キャンディなのに、かむ〟〝ソフトな食感〟〝かんでも歯につきにくい〟〝忙しいママにぴったり〟〝小さいお子さんと一緒にどうぞ〟。

「うーん、なかなか絞れないぞ」と、課長はうなった。いったいどこに絞ればいいんだ？

広告代理店からは、ターゲットである忙しいママたちのいちばんの関心事は、子どもが機嫌良く過ごすことだ、という調査結果が挙がってきていた。

彼らの提案は、その調査結果を元にしていた。

泣き叫ぶ子どもに「ソフトか」を与えると、なぜかピタリと泣き止んで、機嫌良くなる。うれしくなったお母さんも一粒口に入れ、「うーん、濃厚」とにこりと笑いながら歩き出す、というストーリーのテレビCMだ。最後に一言、「子どもも泣き止むウマサです」と入れたいという。

提案の筋は通っていた。課長は基本、OKを出した。商品を与えるとピタリと泣き止む、そんな映像がうまく撮れるのか不安だったが、そこはプロにお任せしよう。

しかし、「子どもも泣き止むウマサです」というコピーは、使用シーンを限定してしまうので、NGだなと思った。

広告代理店に指示をして、「ソフトに、かむ。ソフか」という、より商品特徴に近い内容に変えてもらった。

撮影もなんとかうまくいき、テレビCMが流れ始めた。潤沢な予算はないが、多少は目につくだろう。子育て雑誌にもテレビCMと同じような内容の雑誌広告を掲載した。

しかし、思ったように評判は上がらなかった。それどころか、「キャンディをあげると、急にピタリと泣き止むシーンが、ウソくさい」などの否定的なコメントがあふれていった。

何が悪かったのか？　課長は、頭を抱えた。

New Style の 広告会議

96%の子どもが泣き止むオンライン動画を作り、多くのメディアで取り上げられる

予算が少ないのは、わかっていた。テレビCMを流しても、たいして目立たずに終わるだろう。流通対策としてはそれも必要だが、もう少し別のやり方はないものか？

広告代理店からは、ターゲットである忙しいママたちのいちばんの関心事は、子どもが機嫌良く過ごすことだ、という調査結果が挙がってきていた。

課長の頭には、「ソフか」を与えると、泣いていた子どもがピタリと泣き止み、ニコニコと

笑い出すシーンが浮かんでいた。そんな風に使ってもらえる商品だと確信している。

でも、それをそのまま描いてもウソっぽいだろう。実際は泣き止まない子どもだって、たくさんいるだろうし、どうしたものか？

この悩みを、懇意にしているクリエイティブ・ディレクターに相談してみた。「大量のテレビCMを流すような予算もないんですよ。それでも、ターゲットの興味を引き、メディアにも取り上げられるような、今までにないような広告を考えられないでしょうか」

「面白いですね。腕がなりますよ」

そのクリエイティブ・ディレクターは、不敵に笑うと、2週間後の再会を約束して帰っていった。

2週間後に、クリエイティブ・ディレクターが提案してきたのは、こんな内容だった。

「ソフか」のキャラクターを作り、「そふかふかふか」と歌い込んだ動画を作りたいと言う。その動画は、「ソフか」の世界観は表現するが、「ソフトな食感」とか「歯につかない」とか「濃厚なミルク味」などの〝商品の良いところ〟については、一切触れない。

そして、「子どもに与えると泣き止む」というシーンも、一切描かない。

そういうシーンを描くのではなく、なんと、その動画自体で〝子どもを泣き止ませる〟のだと言う。大学の先生に協力してもらって、90％以上の子どもが泣き止む動画を作ることが可能だそうだ。

動画で子どもを泣き止ませる？　一瞬戸惑った課長だったが、すぐにその意図を理解した。

「広告戦略」と「伝え方の手順」はこんなに変わった

New Style

まずはターゲットと、イイ時間を一緒に過ごすことを考える。

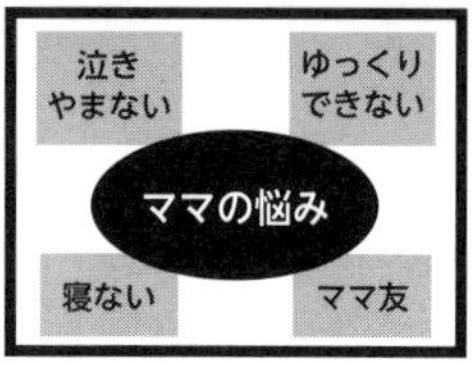

ターゲットの役に立てることはないか？　消費者が求めていることは何か？

「なんらかの形で、消費者の役に立つ広告コミュニケーション」を仕掛ける。

さりげなく、上手に、商品の存在と結びつける。

広告として「ではなく」、消費者が活用することで、結果として、商品とのエンゲージメント（関係構築）につなげる。

Old Style

広告は、ラブレターである。いかにいいラブレターを書くか？

商品の良さを、消費者に届くであろう形で表現する。

同時に、使ってほしい、買ってほしい、という想いも伝える。

もちろん、何の広告か、すぐにわかる必要がある。

「あ、また広告が、自分のいいところを主張している」と思われて、聞いてもらえない。

「なるほど、この動画自体が〝ソフか〟だ、という位置づけなんだな」

簡単な行程ではなかったが、幾多の実験を繰り返して、ついに「子どもを96％も泣き止ませる動画」が完成した。

この動画は、ウェブにアップするやいなや、大変な評判になった。数週間で再生回数は100万回を超え、多くのメディアに取り上げられた。

なによりも、出荷数が通常の何倍にも達し、営業は大忙しだ。

〝商品の良さ〟を伝えようとやっきになるのではなく、「商品と関係の深い、イイ時間」を提供することに特化したのがサクセスの秘密だろう。

（※ロッテ〝カフカ〟の事例を参考にした創作です）

Old Style の 広告戦略

何の広告かすぐに理解できるものを作る。広告は「商品の良さを伝える」もの

◉ラブレターを書くつもりで「新しい機能」や「商品の良さ」を伝える

広告コピーは、ラブレターのつもりで書け！

僕がコピーライター修業を始めた1980年代には、上司や先輩からそう教えられました。広告は、商品から消費者への、「買ってほしい、使ってほしい」というラブレターなのだ、と。

この常識は、今でも多くの方の頭の中を占めていると思います。

そして、ラブレターとしての広告の中心を成す要素は、「ここが使いやすい」とか「ここが新しい機能！」とかの、「商品の良いところ」です。商品の良いところを、消費者がわかってくれるように、つまりラブレターのように伝える、のが広告の基本だと、長い間、信じられています。

そのために、コピーライターは、広告主の商品開発部や研究部門が作った分厚い資料の隅から隅まで読むように、指導されました。

その中から、ラブレターの送り先であるターゲットに受け入れてもらえそうな商品特徴を探し出し、受け入れてもらえそうな伝え方で書き連ねるのが広告だと教えられました。

けれども、広告を恋愛になぞらえることはOKだとしても、今どき、ラブレターなんて書きませんよね。

「いきなりの告白」そのものが、もてないタイプの人がやることなのではないでしょうか。ましてや「自分の良いところ」をこれみよがしに自分から語る人なんてイヤでしょう？

たとえて言えば、合コンに来て、いきなり「僕はさ、〇〇大学出てて、TOEICは△△点で、会社でも期待されているんですよ」と話し出されたら、話し方がいくら感じよかろうが、相手は引くに決まってると思うわけです。

ラブレターのように商品の良さを語れ！　と言われていた、従来の広告作法というのは、合コンで突然自慢話を始めるこの男と、さして変わらないものだったのではないでしょうか。

それでもなぜか、今日もまた、「商品の良いところを、相手に伝わるように語れ！」と呪文のように唱えながら、うんうん唸って広告コミュニケーションを考え、思ったような効果が出ないとお嘆きの方のなんと多いことか！

New Style の 広告戦略

商品の良さから始めずに、まずはイイ時間を一緒に過ごす。「エンゲージメント＝関係構築」がキーワード

◉恋愛だっていきなり告白するより、まずは食事から

もちろん人によるかもしれませんが、周りの友人知人を見る限り、いきなり告白して恋愛がうまくいったケースは、けっして多くありません。

そりゃ、そうです。自分が気に入ったとして、たいして一緒に過ごしてもいない相手も同じように自分を気に入る確率なんて、ほとんどゼロに等しい。もしそうじゃないと思える人がいるなら、「たいした自信ですね」と思ってしまいます。

では、どうするのか？　普通は、「ご飯でも行かない？」とか「あの映画、一緒に行かない？」などと声をかけて、一緒の時間を過ごそうと試みるのではないでしょうか。

一緒の時間を過ごして、その時間をできるだけ、イイ時間にするよう努力する。そうやってイイ時間を一緒に過ごしているうちに、好意が芽生えたり深まっていったりする。恋愛の多くは、そんな風に進むのではないでしょうか。

◉「心地良い」「便利だ」「役立つ」――そのイイ時間を提供するのが、ブランド

であれば、広告コミュニケーションだって、同じでしょう。

広告という告白の場で、いきなり「こんな風にいいんです。こんな風に便利です」と語りかけるのは、いきなり告白を始め、しかも自分の長所をまくしたてて、相手に引かれてしまうモテナイ君と同じ振る舞いでしょう。

そうではなく、イイ時間を一緒に過ごすことから、すべては始まるはずです。

「その動画、なんか楽しいね」

「その広告、なんだか心地良いね」

「そんなサービス提供は、便利だね」

「そんな企画をしてくれたら、それは役に立つじゃん！」

消費者が、そう感じること。消費者に、そう感じてもらうこと。それこそが、今どきの広告コミュニケーションのスタートラインだと思います。

そのうえで、「イイ時間をくれたのって、誰だっけ？」という問いの答えとして、商品やブランドが消費者の心に残るようにする。それが、今どきの広告コミュニケーションが目指すところです。

こういった考え方に基づいて作られた広告の先駆的なものに、**ソニーの液晶テレビBraviaのイギリスでのキャンペーン**があります。

そのテレビＣＭ（ネット上でも配信されました）は、素敵な街の坂道を、弾むカラーボール

が落ちて行くシーンで始まります。カラーボールはみるみる間に増えて、最終的には数え切れないほどの大量のボールがスローモーションで落ちていきます。

カラーボールを避けようと、塀の陰に身をひそめる少年。カラーボールのアップ。無数のカラーボールが舞う坂道の美しい遠景。ギター1本とボーカルの優しいBGM。坂の下にたまる色とりどりのカラーボール。なぜか差し挟まれる、排水溝から飛び出す蛙や倒れるゴミ箱。

2分30秒に及ぶ長さの最後の最後に、「他のどこにもない色」というメッセージと商品の写真が、やっと現れます。

一遍の映像詩。見たことのない映像と、柔らかな音楽で、心がほっこりします。そうやって、消費者は「これ、いいなぁ」とまず感じたうえで、最後の最後に、「こんなに素敵な映像を提供してくれたのは、ソニーのBravia なんだ。へぇ、ものすごく色がキレイなんだ」と、自然に商品やブランドに興味を持ってくれるわけです。

◉「驚かせる」「感動させる」もイイ時間の提供につながる

もうひとつ、大変に有名な事例をご紹介しましょう。

そのテレビCM（ネット上でも配信されました）は、**ゴリラの顔のアップで始まります。流れてくるのは、ドラマー&シンガーとして有名なフィル・コリンズのバラードの名曲。**

瞑想しているように目を閉じるゴリラ。息を吸い込む鼻のアップ。一瞬目を見開いたかと思うと、なんとゴリラは、激しくドラムを叩き始めます。気持ちよさそうにドラムを叩き続けるゴリラ。

最後に、「一杯半たっぷりのＪＯＹ」というメッセージと、商品（キャドバリー・デイリー・ミルクチョコレート）が登場します。

この映像は、いったい何でしょうか？

日本で言うと、明治のミルクチョコレートやロッテのガーナチョコレートのような、誰もが知っているチョコレートが対象の商品。しかし、その商品といったい、どんな関係があるのでしょうか？

最後の最後に、「一杯半たっぷりの（ミルクが入った）ＪＯＹ」という商品の良さを表示するものの、1分半もの間、映像ではその商品の良さを何も伝えていないように感じられます。

それにもかかわらず**このテレビCMはイギリスで大ヒットし、商品自体の売上も前年度より9%アップを記録**したと言います。この手の商品で９％アップさせるのは、簡単なことではありません。

こちらの例も、「自社商品の良いところを伝える」ことをあえてしないで、「驚きを伴った楽しさ」＝「ゴリラがドラムを叩いてる！」を消費者に提供し、消費者が「面白いね！」と思ったところで、「その楽しさを提供したのは、このチョコレートです」「こうした驚きのある楽しい時間を、このチョコと一緒に過ごしましょう」とさりげなく伝えることで、うまくいったケースです。

新旧の広告戦略のポイントを比較してみた

New Style	Old Style
★ まずはイイ時間を一緒に過ごす。商品の良さから始めない。	☑ 広告は「商品の良さ」を伝えるもの。
★ 人々は、「広告として優れているか?」と考えて接するのではない。	☑ ここが使いやすい、ここが新しい機能、そういう内容をメッセージする。
★ 広告コミュニケーション自体が、なんらかの意味で、消費者のためになる必要がある。	☑ その内容を、消費者に届く形で表現しようと努力する。
★ エンゲージメント＝関係構築を目指す。	☑「使ってほしい」という気持ちで、ラブレターのように広告を作る。
★ さりげなく、上手に、商品の存在と結び付けようとする。	☑ 何の広告か、すぐに理解できるものを！

◉「お母さんに役立つこと」に集中したロッテのソフトキャンディ「カフカ」

日本の事例もひとつ、ご紹介しましょう。

ロッテのソフトキャンディ「カフカ」のウェブ動画です。同社のプレスリリースによれば、カフカは、「かむミルク」をコンセプトに、かむほどにミルクのコクと旨みが楽しめる新ジャンルのソフトキャンディ。

家事や育児に忙しい子持ちの女性に向けた商品で、ソフトキャンディなのにかんでも歯につきにくく、子どもでも安心して食べられる商品です。

そこで制作されたのが、赤ちゃんを泣き止ますという動画。52人の赤ちゃんに見せたところ、96・2%の赤ちゃんが泣き止んだという動画を作ったのです。

この動画では、「かふかふかふか」という歌詞が全編にわたって繰り返され、カフカの食感を表現しています。しかし、いわゆる「商品の良いところ」だけを直接的に伝えるのではなく、「赤ちゃんが泣き止むこと」つまり「ターゲットであるお母さんの役に立つこと」で話題化をはかりました。

ウェブ上のマーケティングニュースサイト「Response15th」で制作者の意図が語られているので紹介しましょう。

「たとえば、幼稚園児の送り迎えをしている人にアメを売るにはどうしたらいいでしょう。そこで見つめるべきは幼稚園児を子に持つ親がどういうコミュニケーションをしているか、日常生活のなかで何に困っているかということ。するとアメを交換することをキッカケに距離感を

ロッテ「カフカ」のWeb動画

2分余りの動画の中では、「かふかふかふか」という歌詞が繰り返され、コミカルなキャラクターが活躍する。

2012年9月に公開され、わずか41日で視聴回数100万回を突破。2015年5月現在で1100万回以上視聴されている。

縮めていることや、子どもが泣き止まないことに苦労していることを知る。また今ではベビーカーの前にスマホをつける人も多いことに気が付く

「そこで作られたのが赤ちゃんを96・2％の確率で泣き止ませることができるという動画。音響分野の研究者と協力し、音のルールに沿って作成」

「消費者をみつめることをまずは大切にして、その役に立つために使える新しいテクノロジーがあったときにそれを使う」ことを考えたと言います。

この動画は2012年9月に公開され、わずか41日で視聴回数100万回を突破、現在では1100万回以上視聴されています。

この事例などは、「イイ時間を提供する」ことで、ブランドの価値が高まり売上にもつながった好例と言えるでしょう。

まとめ

消費者との「エンゲージメント＝関係構築」に成功する3つのポイント

昨今の広告・マーケティングの分野では、このような「イイ時間を一緒に過ごす」というやり方を、エンゲージメント＝関係構築などと呼んでいます。最終的に商品を買ってもらうためには、こうした関係構築の努力が欠かせないと認識されているのです。

こうした関係構築を目指した広告コミュニケーションを考える場合に気を付けるべき

ことを、３つのポイントとして整理しておきましょう。

①商品の良さを語ることは、極端と思えるほど控えめに

この点については、思考のコペルニクス的な転回が必要になります。あるいは、相当に強い自制の心が必要でしょう。

ご自身の中の常識を、いったん捨てましょう。商品の良さを伝えないで、いったいぜんたい何をすればいいんだ!?　といった思いを、いったん脇に置いておく必要があります。

もちろん、たとえばウェブサイトのしかるべき場所で、商品の良さを語ることも必要にはなります。そこで商品の良さを語るのは、なぜＯＫなのでしょう？　それは、商品について興味があって、商品のことを知りたい人が見にくる場所だからです。そういった場所に必要な情報をきちんと掲示しましょう。

逆に言うと、テレビＣＭやチラシなどのいわゆる広告は、その商品の良さなどに興味が無い人が見るものだ、と見極めなければなりません。もともと興味のない人に、「この商品はこんなに良いんです」と、どれだけ工夫をこらして伝えようとしても、それは意味がない、ということになります。

ですから、従来の常識から言えば、「それではちょっと控えめ過ぎるのでは？」と思えるくらいに、極端に控えめにするようにしてみましょう。

②広告コミュニケーション自体が消費者のためになるように

驚きを与えてくれる。なんだか、ほっとする。新しい考え方を提示してくれる。考えを進めるきっかけになる。とにかく笑える。友だちとの会話のネタになる。純粋に感動する。見たことのない映像を見せてくれる。役に立つ情報をくれる。

消費者のためになる、と言っても、なにもいわゆる情報モノである必要はありません。

しかし、なんらかの意味で、消費者の「役に立つ」モノである必要があります。人々は、その広告コミュニケーションに対して、「広告として優れているか？」と考えて接するのではなく、「自分にとってどういう意味があるのか？」という視点で接するわけですから。

つまり、楽しいとかホッとするとか笑えるとか、なんらかの理由＝なんらかためになるので、その広告コミュニケーションに積極的に接しようとします。

そうしてこそ、テレビCMが流れれば注意して見るし、時には自らクリックしてネット上の広告コミュニケーションに触れようとしてくれるのです。

③さりげなく上手に、商品の存在と結び付けようとすること

もちろん、作ろうとしているのは、あくまでも広告コミュニケーションで、ただの娯楽や情報ではありません。

したがって、商品が持つメッセージにつながる何か（しかし、あからさまに商品の良

さを伝えるものではない何か）をモチーフにしてその広告コミュニケーションを設計し、さりげなく上手に商品の存在と結び付ける必要があります。

ソニーのBraviaが「他のどこにもない色」につながるものとして数十万個のカラーボールを、キャドバリーが「たっぷりのＪＯＹ」につながるものとしてドラムを叩くゴリラを、モチーフにしたように。

この３つのヒントをもとに広告コミュニケーションを組み立てると、「何の広告か、一見、わからない」ものや「何が言いたいのか、最初はわからない」といったケースも出てきます。

送り手の側としては最初は少し居心地が悪いかもしれませんが、ちょっと我慢をして、新しい広告作法にチャレンジしてみましょう。

「それらしい」広告は、安心はできても効果は見込めないケースが多いのです。

「近頃、今までのやり方がなんだか効かない」。そんなふうに感じたら、こんな３つのヒントをぜひ試してみてください。

Chapter

5

【個別戦より総力戦】

1本の広告より全体の仕掛けで効果を狙う

Case 06

南海の島の魅力をうまく発信して世界的な観光地にしたい

日本の南のほうの、とある地域。美しく訪れる価値のある島が点在する場所だ。場所の名前はすでに多くの人が知っているし、ある程度のイメージも持たれている。しかし、ライバルも多く、観光で訪れる人の数も伸び悩んでいた。日本ばかりではなく、海外のお客さんも集めたい。限られた予算で、世界に向けてこの地域の魅力を発信するには、どうすれば良いのだろうか？

Old Style の 広告会議

クオリティの高いデザインのウェブページを作り各国語での案内も充実させる

この地域の島には、多くの魅力がある。海の透明度、風景の美しさ、生息する魚の豊富さ・美しさ、ホテルなど滞在する設備の充実度。これらの魅力を、広い地域の、多くの人に知ってもらいたい。担当のKさんは、意気込んだ。

しかし、予算は限られている。アジアだけに限っても、中国、韓国、台湾、タイ、マレーシア、シンガポール、インドネシアなど多国籍、多言語だ。ロシアからも、ぜひ来てほしいし、できれば、オセアニアやアメリカからも、多少はお客を迎えたい。

こうなると、いちばん注力すべきは、ウェブページの充実だろう。ウェブデザインに定評のある会社に依頼して、高品質のウェブページを作り上げた。メインに持って来たのは、海の透明度だ。

ギャラの高いモデルを起用して、透明度の再現にはとことんこだわった。一見して、「どんなウェブサイトより、気持ちのいい」表現を実現できたと思う。

さらに、各国語での案内も充実させた。この翻訳作業は苦労したが、予算も使って、ナチュラルな各国表現を心がけた。

予算の大半は、この「クオリティの高いデザイン」で各国語にも対応したウェブサイトの制作に費やした。

しかし、各国で多少は広告も打たないと、そもそも「クオリティの高い」ウェブサイトを見てもらえない。見てもらいさえすれば、この地域の魅力は十分に感じてもらえるはずだ。予算はあまり残っていなかったが、それでもできることはやった。各国で人気のある雑誌での広告や、深夜枠でのテレビCMも使った。

雑誌広告とテレビCMも、「透明度の表現」にこだわった。まあまあ予算はかかったが、ここでも「クオリティにこだわって」、イイものを作った。結果として、見てもらいさえすれば行きたくなるし、ウェブサイトにも誘導できるようなものが作れたと思う。

ただ、カバーすべき地域が多岐にわたったこともあり、掲載回数やオンエア回数は限られたものになった。これは仕方のないことだろう。

3カ月経ち、半年経ち、1年が経った。が、観光客の増加は見られなかった。もう少し、辛抱してみるしかないのか。こんなにイイものを作ったのに。担当のKさんは頭を抱えた。

New Styleの広告会議

「南の島でバイトして半年で1000万円稼ごう!」という求人広告を打ったら観光客も増えた

「この予算で、これだけの国や地域をカバーするのは、どだい無理だ」。担当Kは、最初からそう直感した。

最初は、国や地域を絞ることも考えた。しかし、それでは、いったいどの国や地域に絞れば観光客が増えるのか？　どの答えも、決め手に欠けた。

必死にいい表現を作り、各国語に翻訳して、目に付くほどではない出稿量のテレビＣＭや雑誌広告を掲示する。しかし、実質的には誰にも見られない。

それでは意味が無いではないか！

どんなに魅力にあふれていて、それを伝えるための、どんなに高品質の広告を作っても、注目してもらえないのでは、無駄骨だ。

何か、こう、もっと別のアイデアは無いものだろうか。国を越えて、言語を越えて、この地域に注目してもらう手立ては無いものか。この地域に注目してもらいさえすれば、透明度の高い海を始めとする〝持っているもの〟には、自信があった。

知恵を絞り、広告代理店からもアイデアをもらい、みなでディスカッションをして、２週間が過ぎた。あー、もうダメか。「普通に」、クオリティの良いものを作って、予算の許す限り広告を打つしかないのか……。

そう思い始めた時に、ふと、ひとつの記事が目に留まった。「〇〇国の失業率、増加の一途」。そんな記事だった。気になった。調べてみると、観光客誘致の対象となるほとんどの国では、日本よりはるかに失業率が高かった。

これだ！　こいつを使わない手はない。

担当Ｋは、小躍りした。「誰もが憧れるリゾートが、ここにある」という代わりに、「誰もが憧れる仕事が、ここにある」と伝えれば、失業率の高い国々の人々に、あっと言う間に届くのではないだろうか。

「この地域の、ある島の貸別荘に半年ほど住み込んで、透明度の高い海の写真を撮ってブログに挙げ、あとは簡単な施設の維持管理や、郵便物の管理をする。それだけで、半年で1000万円！」

そんな、誰もが憧れる仕事を設定して、募集をしよう。応募者には、動画を作ってもらって投稿してもらう。その動画を、ソーシャルメディアを使って、拡散しよう。

仕事に応募したくなるようなウェブサイトを作ろう。動画を投稿しやすい仕組みを作ろう。求人広告の枠を使って、働く人募集の広告をしよう。最終選考に残った20人を発表して、各国のメディアに盛り上げてもらおう。

全体として効果が発揮されそうな〝仕掛け〟が、それぞれの専門家も交えて、どんどん決まっていった。

この広告コミュニケーションは、バカ当たりした。最初の目標の2倍の応募者があり、多くの国でメディアが取り上げた。なによりも、次年度の観光客は、今までにないほどに増加した。担当Kはあの時、失業率の記事を読んだ自分の幸運に、感謝した。

（※豪州グレートバリアリーフ地域が行った〝The best job in the world キャンペーン〟を参考にした創作です）

「広告戦略」と「伝え方の手順」はこんなに変わった

New Style

どんな媒体を使うか？ を考える前に、人を動かすにはどうすれば良いか？ と考える。

仕掛け全体のコアとなるアイデアをまず、考える。

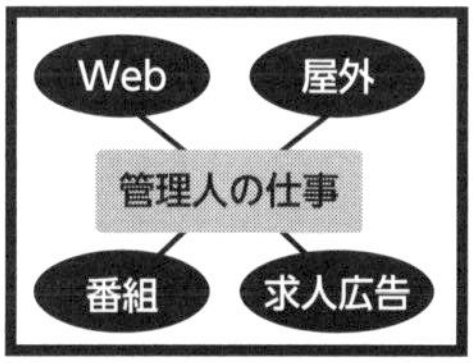

そのコアとなるアイデアを仕掛け全体でどう展開するか？ に工夫を凝らす。

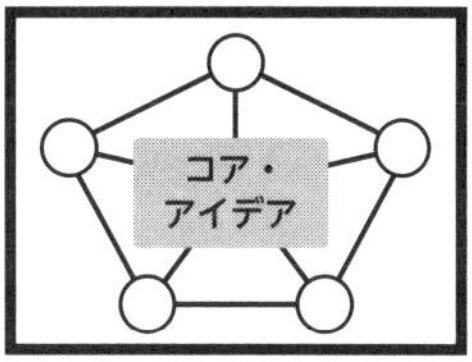

個別アイテムのクオリティより、仕掛け全体のクオリティを優先させる。

コア・アイデアが優れていて、仕掛けのクオリティも高ければ、実際に「人が動く」。

Old Style

CMかポスターかなど、どんな媒体を使うかをまず考える。

CM1本、ポスター1枚の内容をまず考える。

CM1本、ポスター1枚に命をかける職人的なクリエーターに発注する。

CM1本、ポスター1枚の“クオリティ”としてはとても高いものに仕上がる。

受け手がテレビを見ない人、ポスターを見ない人の場合、“クオリティの高さ”は何の役にも立たない。

Old Style の 広告戦略

CM1本、ポスター1本のクオリティに魂を込めろ

◉職人技でテレビCM1本、ポスター1枚に命をかける

今の50代の人が広告界に入った頃の常識は、まず、テレビCM1本をどれだけ「良いもの」に仕上げるか考えることでした。数十案も100案もみんなで考えて、最良のものを1本選び出し、細部まで検討に検討を重ね、撮影して仕上げていきました。

あるいは、ポスター1枚の「クオリティ」が勝負でした。どれだけ突き抜けたアイデアと仕上がりを持たせるかに膨大な時間をかけ、ポスター1枚という土俵の上で格闘していました。

広告代理店の側はもちろん、広告主の側でも状況は同じでした。宣伝部長の才覚とは、広告代理店にいかにいいテレビCM案、素晴らしいポスター案を提案させるか、ということと、その中から自社商品の評判を上げて売りにつながるような案を選び出すかという、目利きとしての才覚でした。

もちろん、今だって、1本1本のクオリティを高めることはひじょうに重要です。しかし、今の目線でその頃の常識を見やると、ひじょうに狭い範囲で、限られた土俵の上だけでファイトしているという感覚がいなめません。

なぜ最初から主戦場は「テレビCMという15秒」だと決めてしまうのか？

なぜ自分が苦闘する舞台を「B倍サイズのポスター」と最初から設定してしまうのか？

その努力は貴いものですが、〝効果的な広告コミュニケーション〟とか〝ブランド課題を解決するための広告コミュニケーション〟といった視点で見ると、他の場所にも目を向けて、広告コミュニケーション施策全体としての仕掛けを考えないのは、怠慢にも見えてしまいます。

簡単に言えば、いくら「素晴らしいテレビCM」や「クオリティの高いポスター」を制作しても、その広告を届けたい人が、テレビを見なかったりポスターに関心を払わないのであれば、何の役にも立たないわけです。

しかし、この発想の転換は、ある種の人にとっては簡単にできることではありませんでした。テレビCM1本、ポスター1枚の世界で実績を挙げてきた人の中には、過去の成功体験ゆえに、まだまだそこから抜け出せない人も少なくないのが、現状です。

New Style の 広告戦略

「作品のクオリティアップ」から「仕掛けのクオリティアップ」へシフトせよ

◉「島管理人の7カ国語の求人広告」は観光客誘致の〝仕掛け〟だった。

ここでは、まず事例を紹介することから始めましょう。

2008年～2009年に世界の8つの国や地域で実施され、その仕掛けの新しさが注目を集め、大きな成果を挙げた事例です。

課題は、オーストラリア、グレートバリアリーフの島々への関心を高め、観光客の数を増や

すこと。イギリス、アメリカ、日本など８つの主要市場で実施されました。

OLD STYLEで考えれば、島々の美しさや体験の楽しさなどをアピールするウェブサイトを作り、各国で旅行雑誌の広告やテレビCMを流して、ウェブサイト来訪者を増やして、魅力に触れてもらう、といったやり方でしょう。

しかし、このチームは、まったく違うことを考えました。**「島の管理人（半年限定）を募集する」というコア・アイデアを考え出し、応募者を集めるという〝仕掛け〟**で大きな成果を挙げたのです。

The best job in the world（世界で最も素晴らしい仕事）として、魚の餌やり、プールの清掃、郵便の受け取りなどの仕事をこなしながら、プール付きの邸宅に住むことで、半年で約１０００万円の収入が得られるという職を設定。世界に向けて〝求人広告〟を出し、60秒の応募ビデオをウェブサイトに投稿するように求めました。

この仕掛けはリーマンショック後で不景気が巻き起こり、仕事の無い状況が世界的に広まっていたこの時期の世相にもピッタリとマッチ。イギリスの警官、世界的有名俳優の息子、寒空のドイツからビキニ姿での応募、北極海の漁師などユニークな応募が殺到しました。

１万４０００人応募の目標に対して、３万５０００人の応募を獲得。その絞り込みの過程も興味を呼び、多くのテレビニュースが取り上げました。

最終選考に残った20人ほどの候補のなかに日本人も1人残っていて、ニュースで取り上げられたのを、僕自身もテレビのニュースで見た記憶があります。

結果的に、**１億２０００万円ほどの予算で、１２０億円相当のメディア露出があり**、グレートバリアリーフの島々への興味喚起に大きく貢献したと言います。

この例など、新聞の突き出しスペース（記事の端っこ）に掲載した求人広告〝自体〟のクオリティが飛び抜けて高いかと言えば、そんなことはありません。

ウェブサイトのデザインがずば抜けていいかと言えば、そんなこともありません。

もちろん、どちらの広告も内容はキチンとしていますが、ポイントはそこにはありません。

この事例が優れていたのは、観光地への興味を高めるために、「観光地の一部である島の管理人のおいしい仕事」を用意し、それをコアに全体の仕掛けを考えた、その「仕掛けのみごとさ」にあります。

◉パッケージ変更で若者層の怒りを誘発し、１週間後に「あれはジョーク」

もうひとつ、「仕掛けのクリエイティビティ」について肌で感じてもらうのにうってつけの事例があるので、続けてそちらも紹介しましょう。２０１０年～２０１１年に実施された事例です。

ルーマニアにＲＯＭというチョコレートバーがあります。ＲＯＭは国名ROMANIAのＲＯＭ。パッケージもルーマニア国旗をあしらっている国民的食品です。

ところが、この頃ルーマニアは経済も最悪で国民の間に「ルーマニアはダメだ」という気持ちが蔓延。それに伴ってＲＯＭも若い層を中心に人気を失い、スニッカーズ等有名チョコレートバーとの争いに敗れていました。

そこでROMが取った方法は、衝撃的なものでした。

なんと、ルーマニア国旗をあしらったパッケージデザインを、星条旗の柄に変更したのです。

店頭でも新しい星条旗柄の商品が大々的にディスプレイされ、テレビCMでも、「これでルーマニア人も、アメリカ人みたいに輝けるよ！」と挑発しました。

すると、「ルーマニア嫌い」だったはずの若者たちが猛反発。「ROMのパッケージを米国旗柄にするなんてとんでもない！」「ルーマニア人の誇りを傷つけるな！」「パッケージを元に戻せ！」などの意見がネットを中心に大量に出回ります。

しかし、それは計算済み。1週間たった時に……。

そうです！

1週間が経過すると、パッケージを元のルーマニア国旗柄に戻したのです。

テレビCMでも、「あれは、ジョークさ！　ROMはルーマニア国旗柄に決まってるだろっ！」と言い出しました。

結果として、**元のデザインに戻ったROMの売上は急上昇、チョコレートバー国内首位の座を獲得**したのです。

この例なども、テレビCMや看板の表現が、飛びきり優れていたというわけではありません。

もちろん、それらも一定のクオリティは持っていますが、「クオリティ」の核は、「仕掛けのクリエイティビティ」にありました。

新旧の広告戦略のポイントを比較してみた

New Style	Old Style
★個別の表現よりも、「仕掛け全体」について、まず考える。	☑テレビCM1本の出来に、魂を込める。
★だから、「最初に、広告表現の具体案を考える」ことは、しない。	☑Webサイトのクオリティこそが、勝負の分かれ目だ。
★まずコアとなるアイデアを考える。イベントとかパッケージ変更とか。	☑ポスターの案をたくさん考える。バナーの案をたくさん検討する。
★コア・アイデアを元にして、全体のシナリオを考える。	☑伝えるべき内容は、第一に、その商品の持っている魅力であるべき。
★一つひとつの表現やイベントを、全体の中で最適なものに仕上げていく。	☑いい広告を作って、予算の範囲で、ターゲットに届けようとする。

一度星条旗柄のパッケージにすることで、わざと消費者の怒りを買い、振り子の揺り戻しでもともとの「ルーマニアの象徴的お菓子」であるROMの売上アップにつなげる——、その仕掛けにこそ、技と熱意が向けられたのです。

◉1本のCMや1枚のポスターではなく、仕組み全体で勝負する

これらの事例は、1本ごとの〝表現〟にこだわるのではなく、効果がありそうならなんにでもチャレンジするという「考え方」から始まっています。

送り手側の関心の核は、広告コミュニケーションの〝仕組み全体〟です。これは、「とにかく面白いテレビCMを考えよう」とか「とびきりクオリティの高いポスターを作り上げよう」と考え始めるメンタリティとは、まったくもって異なっています。

日本で最近目についた事例では、**日本コカ・コーラ社のスプライトの例**があります。

この広告コミュニケーションでは、テレビCMもたくさん流れていたのですが、その内容は、よく見かけるテレビCMとは一線を画すものでした。

一見して素人と思われる若者や女子高生が、会場に設置された巨大な売り場〝Sprite Market〟に入り、一面に陳列されたスプライトを1本手に取って、レールの上のショッピングカートに置くと……。

カートはやおら勢いよく動き出して、外へ！

かなりのスピードで数十メートルを移動して、最後は、プシューッと水しぶきを全身にかけ

られます。

日本コカ・コーラのウェブサイトによれば、このＣＭは「レモンライムの味わいがこれまで以上にスッキリおいしくなって、飲んだ時の爽快感がパワーアップした」リニューアル商品のためのもの。

OLD STYLEで考えれば、たとえばタレントを起用して、〝パワーアップした爽快感〟をどう表現できるか、あれやこれやと、15秒の枠内で考えます。

しかし、この事例では、〝普通の人にも体験してもらう屋外イベント〟を企画し、その時の映像を編集してテレビＣＭとして流しているのです。

さらに、このイベントを全国６カ所で実施。テレビＣＭを見て、「面白そう！」とか「やってみたい……」と感じていた人に対して、「あのＣＭのスプラッシュカートが体験できます！」と呼びかけ、集客をして、さらに商品との関係構築に努めました。

これらの様子をまとめた60秒ほどのウェブ動画も、２５０万回以上再生されています。

スプライトのような昔からある商品の場合、よく知っているだけに、少しくらい「爽快感がパワーアップ」と訴えかけても、受け手からすると、たいして興味をひかれないでしょう。

「急に動き出したカートに驚いている一般人が大量の水しぶきを浴びる」という体験を通して、「パワーのある爽快感」を感じてもらうのは、頭のいいやり方。その様子をテレビＣＭで流すことで、見る人にもこの屋外イベントを〝疑似的に〟体験してもらえるわけです。

まとめ

〝仕掛けのクリエイティビティ〟で成果を上げる4つのステップ

なるほど、それは良さそうだ。だけど、いままで新聞広告やバナーやチラシしか考えたことがない。いったい、どうやって仕掛けを考えればいいのかわからない。そんな方のために、4つのステップを紹介しましょう。

①「最初にCMなどの具体的表現を考える」ことを、厳禁にする

これが、意外と難しいのではないかと思います。あなたがベテランで経験値があればあったで難しいし、逆に、広告コミュニケーションに携わったことがなくて古いタイプの本で知識を得た初心者でも、やはり難しいわけです。

まずは、「いきなり」枠の中で考えない、と決めてみましょう。

最初から、雑誌広告を考えない。

最初から、バナーに「商品を出そうか機能を出そうか」と考えない。

最初から、どんなテレビCMがウケるだろうかと考え出さない。

「仕掛けのクリエイティビティ」にチャレンジする場合、このことが、まず大切になります。

仕掛けを後からくっつけることはできません。後からくっつけたものは、効果的な

「仕掛けのクリエイティビティ」を持ちえないからです。

②イベントやパッケージ変更など、最初にコアとなるアイデアを考える

最初に「広告以外の」アイデアを、何か考えましょう。

それは、イベントでもいいし、パッケージ変更でもいいし、面白味のある割引でもいいし、妙なオマケでもいい。あるいは、グレートバリアリーフの例のように、「求人をイベント化する」といったことでもいい。

「自分たちの商品やサービス」と「人々が面白がりそうなこと」を掛け合わせて。

今のところ、ここに絶対の成功法則はありませんが、それだけに肩のチカラを抜いて、冗談でも言いながら、アイデア出しを行いましょう。

「ルーマニア国旗柄の商品のパッケージを星条旗柄に変える」みたいなアイデアは、しかめ面して必死に考えても出てきやしません。

③ドラマや映画のプロデューサーになったつもりで、全体のシナリオを考える

そして、アイデアが決まったら、そのアイデアをコアとして、どんな展開ができるかを考えましょう。

「求人をイベント化」するのであれば、求人広告枠をどう使うのか、応募者をどう巻き込むのか、どんなものに応募してもらってそれをどう多くの人に見てもらうのか、また、

マスコミやネットメディアに取り上げてもらうにはどういう要素を入れ込めばいいのか、などを、全体のシナリオとして考えていきます。

これは、自分たちだけでできることではないでしょう。専門家に協力してもらって、ここで紹介しているような知見をもとに、作り上げていくことになります。

しかしながら〝専門家〟も、こういった方法に明るいとは限りません。むしろ、古いやり方に固執している頑な専門家もたくさんいます。今のところ、紹介などを通して、フレキシブルな考え方でトレンドをよく理解している専門家をつかまえるしかなさそうです。

④一つひとつの表現やイベントを、全体の中で最適なものに仕上げていく

右記③までの概要が固まったうえで、やっとこさ、一つひとつの表現やイベントの内容や仕上がりに、心を配る段階に達します。その時の判断基準も、「全体の仕掛けの中でどう機能するか？」という視点で、予算やレベルを決めていくことを心がけましょう。

ここまで、４つのステップを紹介しました。チラシのデザインならデザイナーに頼めばいい、キャッチフレーズならコピーライターに頼めばいい、というのとは違っていて、専門家が定まっていないのが、この分野の現状です。紹介した事例などを話してみて、一緒に組む相手も模索しながらチャレンジしていきましょう。

Chapter

6

【伝えるからつなげるへ】

送り届けるのではなく
拡がる経路を作る

Case 07

ハイブリッド車を若者に広めるため
さらに低燃費にした新バージョンを発売

〝リキッド〟と名付けられたそのハイブリッド車の新バージョンは、「旅と冒険」がコンセプト。低燃費なのでロングドライブが気軽にできる、という商品性をもとにしつつも、ターゲットの若者に「僕たちのFUNなクルマ」というイメージを持ってほしい。宣伝部では、さっそく今度の広告をどうするかの会議が始まった。

Old Style の 広告会議

トレンディドラマ風のテレビCMを作り、ネット広告やツイッターとも連動させる

若手中心で組まれた宣伝部のチーム。チームリーダーの課長のもと、「低燃費なのでロングドライブが気軽にできる」「僕たちのFUNなクルマ」「旅と冒険」といったことを、ターゲットである若者に伝えることができるかのディスカッションを開始した。

「トレンディドラマ風な物語で、主人公たちが、冒険の旅に出るのはどうでしょうか?」と消費者の実感が大事だと考えている実感派のA君が発言すると、課長は、「それもいいけど、商品特徴である低燃費の数字はしっかりと目立つように押さえたいね」と念を押した。

すると、流行派のB君は、「見た若者の心に残らないと、なんにもなりません。彼らに人気のあるロックグループを起用しましょう」と提案。

ノリノリ派のC君は、「FUNな国民車、っていうところにフォーカスしましょうよ。ファンキーなアニメを使うとか」と意見を述べた。

慎重派のD君は、メディアプランに言及した。「若者たちは、昔ほど、テレビも雑誌も見ていません。テレビCMを深夜枠で活用しながら、イベントやソーシャルメディアも活用する必要がありますね」

もともと人気の車種だけに、今回その勢いを止めることはできない。何日も何日も、けんけんがくがくの議論が繰り返された。広告案の考え方だけを書いたコンセプトボードを作って、

若者を集め、意見を聞いてみたりもした。その結果は、どれも決め手に欠けた。

最後の最後は、課長の判断で、実感派A君の提案を元にしたものに決まった。人気の男優と女優の起用も決まり、見た若者が共感し、心に響いて〝リキッド〟を買いたくなるような広告コミュニケーションに仕上がった。課長のこだわりで、低燃費の数字も、大きくあしらった。

ワクワク半分、心配半分で、実際のオンエアが始まった。D君の意見も取り入れられ、関連イベントやネット広告、ツイッター活用なども行われた。

しかし、どうにも反応は乏しかった。困ったことに、ずっと高かった新車販売ランキングも、順位を落とした。

何が悪かったのか？　チーム全体を、どんよりとした雰囲気が覆った。

New Style の 広告会議

「人気ゲームの中をクルマが走る」テレビCMがバズって大好評を博す

宣伝部チームは、若者と中堅の混成チームだった。

チームリーダーは、研究熱心で知られる課長。最近の新しい広告コミュニケーションについても、よく勉強していることで有名だ。

〝リキッド〟の広告戦略策定に当たっては、いきなりアイデア会議を始めずに、海外の事例も含めて、今、広告コミュニケーションの世界でどんなことが行われているかの勉強から、始めることになった。最初の1週間を勉強に費やす、という。

「さすが、研究熱心な課長だな」という人もいれば、「そんなことといいから、早くアイデア会議をやりましょうよ」という人もいた。しかし、課長は方針を変えなかった。

1週間後、アイデア会議が始まった。意見を言う時は、必ず参考にした事例やトレンドについて言及すること、と伝えられた。この1週間の勉強で気になったトレンドや事例を引用しながら、多くの議論が繰り広げられた。

付き合いのある広告代理店のクリエイターと話をして、アイデアのタネを一緒に考えてきたメンバーもいた。

なかでも〝なんだか気になった〟メンバーが多かったアイデアが、「人気ゲームの世界の中に、リキッドを入れ込んで描いたら、どうだろう」という企画だった。

広告代理店のクリエイターとのディスカッションからそのアイデアを提案してきたX君は、こう力説した。

「僕もそのクリエイターも、あの人気ゲームを小さい頃から、何度も何度もやってきました。あの曲とあの場所、あの世界観は、僕たちにとって、まさしく〝旅と冒険〟なんです。その世界観を実写で撮影し、そこにリキッドを入れ込んで、あの曲を流したら、と思うとワクワクします」

そのアイデアは、課長の心にも引っかかった。

自身はそのゲームのことをよく知っているわけではないが、ちょっと想像してみれば、確かに「旅と冒険」を表現できるし、「僕たちのFUNなクルマ」にもつながるし、「低燃費なのでロングドライブが気軽にできる」こととも相性がいい。

しかし、これは、あまりにも、ターゲットを狭め過ぎていないか？　「まさか、〝そのゲームをやる人以外は、ターゲットじゃない〟なんて言うわけじゃないだろうな」という、他部門の部長の声が聞こえてきそうだ。

X君は、勉強の成果も示していた。

「今の広告コミュニケーションには、伝播性が必要なんです。テレビCMを見た人だけにメッセージを伝えるのではなく、ネットなどを介して、人から人へ、メッセージをつなげてもらう。このアイデアは、そう考えれば、強い伝播性を持っていると思うんです」

「よし、その線で、上司と他部門を説得してみよう、簡単じゃないだろうけどな」

と課長はつぶやいて、決意を固めた。

実現は簡単ではなかったが、オンエア後の評判は素晴らしかった。ネットを中心に大きな伝播性を発揮し、結果としてセールスにもいい影響を与えることができたのだった。

（※〝TOYOTAアクア〟の広告キャンペーンを参考にした創作です）

「広告戦略」と「伝え方の手順」はこんなに変わった

New Style

消費者が情報をコントロールする時代なので、彼らは見たいものしか見ない。

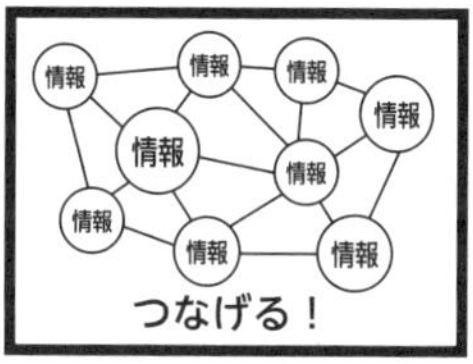

「伝える」から「つなげる」へ。伝播性を重視して、広告コミュニケーションをプランニングする。

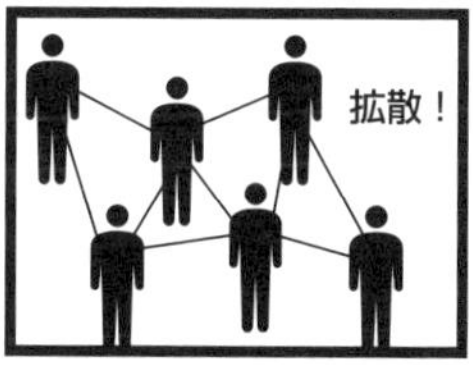

直接的な商品メッセージではなく、拡散する内容を仕込む。

送り手からターゲットには、メッセージが間接的に伝わるイメージ。

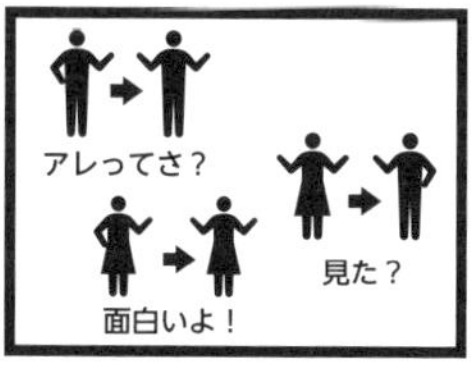

人から人へと、メッセージが伝わって行き、大きなムーブメントが期待できる。

Old Style

広告はターゲットを定め、送り手が主導して、そのターゲットに送り届けるもの。

伝えたいメッセージをターゲットに効果的に伝えるには、いったいどうしたらいいのか？

ターゲットの中の一人が見て、「買いたくなる」ような広告表現を！

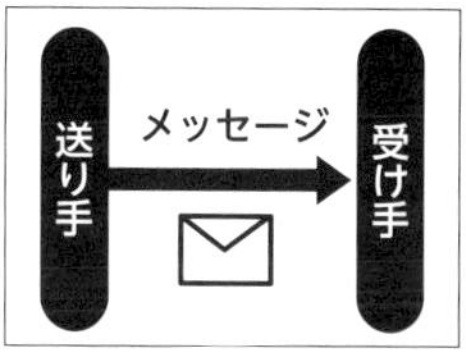

送り手から、ターゲットに直接、メッセージを届ける。

そもそも届けるのが大変なうえに、せっかく接触できたとしても、広告のメッセージだと信頼してもらえない。

広告コミュニケーションとは、送り手が主導し、定めたターゲットに届けるもの

◉想定したターゲットに伝えたいメッセージを効果的に伝えるのが、基本

こんなことまで古い！　と言われたんじゃ、やってられないぜ。とベテラン広告マンなら悶絶しそうですが、世界の広告コミュニケーションの潮流からすると、このやり方は、かなり旧式になっています。

従来の常識をおさらいしておきましょう。

僕自身も習い学んできた広告の基本の姿は、送り手からマスに向かって、伝えたいメッセージを投げかける、というものでした。

マスと言っても1億3000万人の全国民に向かってものを言ったのではいかにも効率が悪いので、女性とか男性とか、20代とか50代とか、都市部住人とか地方の人とか、「ターゲット」を規定し、ターゲットに「届ける」ことを目指したメディア・プランニングを使って、マスメディアの広告枠を買い付けていくわけです。

予算の範囲内で、「ターゲット」にどれだけ接触させるかを計算するメディア・プランニングは高度に発達し、たとえば20代女性に向けた商品であれば、ターゲット向けの雑誌の活用はもちろん、テレビCMはどの時間帯のどの局を使えばいいかなどが詳しく提案されます。

この時、送り手側のイメージは、あくまでも「送り手からターゲットである受け手へ」です。

メディア・プランとしては、塊りとしてのターゲットに届ける。広告コミュニケーションの中身としては、その中の一人が見て「買いたくなる」ことに主眼が置かれていました。

50代男性に届けたいのであれば、50代の男性に響くメッセージ内容や言い方を考え出すべく、知恵を絞りました。

なかには、「話題性」に注目しヒット作を連発する制作者もいましたが、僕の経験からすると、それはある種「たまたま」ヒットしたものであって、王道は、商品特徴から導き出したターゲットに届く表現を、マス広告の範囲内で精度を上げてターゲットに届ける、といったものだったと思います。

もしくは、そうしたことが基本にあって、付加的な要素として、いわば「話題になればそれに越したことはない」といったニュアンスでプランニングされていました。

New Style の 広告戦略

消費者が情報をコントロールする時代。情報の伝播性に着目して、拡散する内容で仕込め

◉情報は「送り届ける」のではなく、「どう受け取ってもらえるか」と考える

総務省による「平成18年度情報流通センサス報告書」では、「この10年で消費可能情報量は33倍になったのに対し、選択可能情報量は500倍以上になった」と発表され、広告・マーケティングの分野では、一部で話題になりました。

細かい分析は置いておくとして、この数値から感覚的にも理解でき、多くのセミナーなどでも言及されたのは、「もはや情報そのものに希少性はなく、情報は圧倒的な買い手市場であり、受け手に主導権がある」ということです。

ネット登場以前に広告を届ける主な手段であった4マス（テレビ、新聞、雑誌、ラジオ）では、マスコミの情報には価値があり、その間に挟まる広告コミュニケーションの情報も、基本的には価値のあるものでした。

送り手の認識としても、「広告スペースを買いさえすれば」、基本的にはターゲットに「送り届ける」ことができる、ということでした。

そうして送り届けたうえで、見た人に伝えいたいメッセージが伝わるか、伝わったメッセージが見た人の気持ちに響いて、商品に興味を持ってもらったり買ってもらったりできるか、が最大の関心事だったわけです。

しかし、前のページで言及した報告書が発表された2006年頃から、コペルニクス的転回が訪れます。インターネットの普及が主な原因ですが、広告コミュニケーションを含む情報について、主導権は受け手に移ります。

テレビは番組を見ていれば自然にテレビCMが目に入ってくるし、新聞は記事を読もうとすればいやがおうでも新聞広告に目がいきます。

しかし、ネットは、「消費者のクリック＝能動的な行動」がなければ、何も始まりません。「送りつける」ことは不可能で、「どう受け取ってもらえるのか？」というように、送り手の意識を変える必要が出てきました。

なんとなく見てもらうのではなく、少なくとも「クリック」という能動的な行動を取ってもらわなければいけないわけです。

広告界においてそれを象徴的に表していたのが、この出来事。

アメリカを代表する広告雑誌『Advertising Age』が、2006年のエージェンシー・オブ・ザ・イヤー（最も活躍した広告代理店）として、どこの特定の広告代理店でもなく「消費者（The Consumer）」を選出したことです。

その受賞理由の中では、「マーケティング界のリーダーたちは、コントロールすることをあきらめ、今や消費者が彼らのブランドをコントロールしていることを受け入れ」ている、と述べられています。

そして、その後、ツイッターやフェイスブック等ソーシャルメディアも一般化し、この傾向はさらに強まります。

もちろん、マーケティングや広告に携わる送り手たちは、単に「あきらめ」たわけではなく、こういった新しい環境下で、いかに自分たちの商品やサービスの価値を高め買ってもらうか、さまざまな方法論を模索し始めました。

◉〝伝える〟から〝つなげる〟へ。「メッセージは間接的に」伝わる

こうして時代は、「広告の効かない時代」へと突入します。

従来の感覚で広告の内容にいくら凝ってみても、どうも効かない。それもそのはずです。以前に比べると、そもそも人々が圧倒的にマス媒体に触れていないのです。いくら人気の高いテレビドラマにしろ、録画視聴であれば、テレビCMは簡単に飛ばされてしまいます。「広告を見た人」に向けて、彼ら彼女らに「直接」メッセージを伝えようと、いくら努力をしても、それ以前の経験ほど、効いている感覚が持てなくなりました。

そこで、送り手は、直接〝伝える〟ことよりも、人と人を〝つなげ〟て、メッセージが「人から人へ」伝わることをもくろみ始めます。

2009年のカンヌライオンズで8個もの賞を受賞して話題を集めた、イギリスの広告コミュニケーションがあります。T-mobileという携帯キャリアの〝Dance〟です。

まず、テレビCMを紹介していきましょう。

場所は、ロンドンのターミナル駅のひとつリバプールストリート駅。

多くの人が行きかう雑踏。そこにダンスミュージックが流れ出すと、突然ひとりの男が踊り出します。すると周りにいた通行人たちも、次から次へと踊りはじめ、ついには300人もの大ダンスシーンへ。携帯で写真を撮る人々も映し出されます。

きちんと練習したと思える人がメインですが、なかにはただ通りかかって楽しくなって踊り出す人たちも。ひとしきり踊って音楽が止むと、何事もなかったように三々五々散っていく人々。

余韻の中、目の前で目撃したイベントを携帯で友人に伝える人々の映像。

新旧の広告戦略のポイントを比較してみた

New Style	Old Style
★“伝える”から“つなげる”へ。	☑ 想定したターゲットに、伝えたいメッセージを効果的に伝える。
★「伝播性」を重視して、企画をする。	☑ ターゲットに届きやすいメディアを選定して買う。
★「ターゲットに直接伝える」ことをイメージしない。	☑ 広告コミュニケーションは、送り手がコントロールする。
★企業とユーザーの間では、「メッセージは間接的に」伝わる。	☑ 企業からターゲットに「直接」メッセージを伝える。
★直接的な商品メッセージではなく、拡散する内容を仕込む。	☑ ターゲットである消費者に響きやすい形で表現する。

そこに、Life's for sharing（分かち合うべき人生）の文字と、T-mobileという会社名が挿入されます。

この動画は、事前にダンスイベント出演者をウェブで募集し、イベントの様子を撮影し編集した映像を、2、3日後にテレビCMとして放映。YouTube等でも人気を集め4000万回近く視聴されています。前年同時期と比較して売上52％増も記録し、ビジネス面でも大きな成果を得たと言います。

このテレビCMは、それまでの広告制作の常識からはかけ離れています。送り手が意識しているのは、「伝播性」です。

見た人に対して、直接的に「T-mobileって、毎日を人と分かち合うのにいいよね」とメッセージするのではなく、「なんか面白いよ、これ、見てみて」と人に勧め、ネット上でシェアすることで、結果として、「T-mobileって、毎日を人と分かち合うのにいいみたいよ」というメッセージが、人から人へ伝わることを意図しています。

つまり、メッセージが伝わる経路は「人から人へ」となります。

◉世界的広告代理店DDBは〝ソーシャル・クリエイティビティ〟を掲げた

T-mobileの事例を見ると、企業と消費者の間では、メッセージは直接的ではなく、人と人をつなげることで「間接的に」伝わることとなります。この伝播性を意識した広告コミュニケーションを、企画したり、提案されたものにOKを出すのは、そんなに簡単ではありません。

ベテランで、広告関連の経験の多い人ほど、どうもピンと来ないのではないか、と思います。しかし、こういった視点を取り入れなければ、〝効かなくなった〟広告を、ふたたび効かせることはできないのです。

僕自身は、こうした伝播性を重視したクリエイティビティを「ソーシャル・クリエイティビティ」と呼んでいます。

世界的広告代理店のＤＤＢも、今や会社全体のキーワードとして、「ソーシャル・クリエイティビティ」を掲げています（僕が日本広告学会で、まったく別に「ソーシャル・クリエイティビティ」を提言したのと、期せずしてまったく同時期の２０１０年10月からです）。

ＤＤＢは、『Introducing Social Creativity』という文書の中で、「人々とブランドをコネクトすると同時に、〝人々と人々をコネクト〟するようなコンテンツを作ります」と宣言します。

そして、ソーシャル・クリエイティビティこそが、「誰もが自らのコンテンツを創作でき、コントロールでき、配信可能」な「高度にコネクトされた社会」で、ブランドが人々とコネクトする道なのだ、もはや「個人に響くメッセージを作り上げるだけでは十分ではな」く、「人々が参加し、遊び、人に手渡したいと思うような施策」が必要とされている、と言います。

近年は日本でも、伝播性を強く意識し、ソーシャル・クリエイティビティを持たせようとした広告コミュニケーションを、少なからず目にするようになりました。

ここでは、**ＴＯＹＯＴＡアクアが人気ゲームとコラボレーションした事例**を紹介したいと思います。

◉TOYOTAアクアが、人気ゲームとコラボレーションした事例

読者の方も、ご覧になったことがあるのではないでしょうか？　**荒野に建つ古めかしいお城の周りを、華やかな色合いのクルマが、隊列をなして進む、それだけのテレビCM**です。

僕自身はまったくゲームをやらないので、テレビで偶然見かけた時にも細かいところはわからず、「独特の世界観を持ったテレビCMだな」と思っただけでしたが、これは、TOYOTAアクアと、大人気ゲームのコラボレーション企画。

その内容を、マイナビニュース（2014/12/26）とAOLニュース（2014/12/16）を参考に、紹介します。

TOYOTAアクアは、2012年度・2013年度・2014年度と3年連続で、新車販売台数日本一を誇る、若者を中心に人気の高い車種。世界トップレベルの低燃費が売りのひとつです。そのマイナーチェンジを機に作られた広告が、今回のテレビCMです。

CMのテーマは、「旅と冒険」。

そこで、全世界累計6400万本の売上を誇るRPG（ロールプレイングゲーム）「ドラゴンクエスト」と連携（LONG DRIVE冒険篇）し、同じく累計3100万本を売り上げるハンティングアクションゲーム「モンスターハンター」と連携（X-URBAN狩猟篇）しました。

「LONG DRIVE冒険篇」のほうでは、勇壮な曲をバックに、古城から隊列を成して出発し、荒野から森へと進んで行く4台のアクアが描かれます。そこに「LONG DRIVE with

TOYOTA アクアのCM「LONG DRIVE 冒険篇」

大人気ゲーム「ドラゴンクエスト」のテーマ曲である「冒険の旅」のBGMが流れる中、4台のアクアが隊列を成して荒野から森へと進んでいきます。

「37.0km/l　JC08モード燃料消費率」といったアクアの機能的特徴がテロップでさり気なく表現されています。

HYBRID」の文字と、「新しくなった、アクアです」のひと声です。

「X-URBAN 狩猟篇」のほうは、海にそびえる崖の空撮から始まり、ひた走るアクアが映し出されます。その後も、勇壮な曲と、さまざまな天候の荒野を走るアクアが映し出され、「アクア X-URBAN、デビュー」のナレーションで終わります。

ドラクエやモンハンのファンにとっては、「おっ、あの曲だ」とすぐに思い浮かび、実写で映し出される世界も、ゲーム内を再現したものだとすぐにわかるものだとのこと。

しかし、いかに国民的なゲームを題材にしているとはいえ、「ターゲットはゲームファンのみ」とか「新しいアクアの登場を伝えたいのは、ゲームファンのみ」とは考えづらいと思います。

これは、やはり、ゲーム好きの人を中心として「伝播性」を狙い、「旅と冒険にふさわしい新しいアクア」「低燃費なのでロングドライブが気軽にできるアクア」「自分たちの感覚をわかってくれるアクア」「FUNな国民車、アクア」などのメッセージを、人から人へ伝わる形で、拡散させたいという意図だと考えられます。

実際に、「アクアの隊列の緑色は魔法使いなのか？　それとも武闘家なのか？」と新色について話題にしてもらったり、「トヨタのアクアのCM、（中略）色合いまでがどう見ても勇者戦士僧侶魔法使いでツボ」「やべぇ！　アクアのCMなう‼　かっけぇぇぇぇ〜　やっぱ英雄の証は良い曲だ！！！！」など、ネット上で〝絶賛の嵐〟が起こったと言います。

アクアは、この広告コミュニケーション策実施直後の2015年の1月と2月も、新車販売

台数1位を守っており、これらのコラボCMは、売上にも貢献はしていると考えられるでしょう。

まとめ

ソーシャル・クリエイティビティを生み出す4つのポイント

①従来の「クオリティ」を、1回、忘れる

T-mobile の Dance について、「これはちっともクオリティが高くない」と言い放ったベテランのクリエイターの一言が、忘れられません。

TOYOTAアクアの例にしても、従来の考え方から言うと、「誰に届けるんだ?」とか「いくら人気のゲームだろうと、ゲーム経験者にしか伝わらない表現はNGだろう!」といった判断をしてしまいがちです。

そういった従来の「クオリティ」を、1回、意識的に忘れる必要があります。

②ターゲットに直接伝えることを、イメージしない

従来の「クオリティ」を1回忘れたうえで、「伝播性」を中心に考えてみることが重要です。従来の「ターゲットに直接伝える」イメージでは、なかなか「伝播性」を持った広告コミュニケーションは考えつきづらいし、そうした提案を受けても受け入れづら

いでしょう。

③直接的な商品メッセージではなく、拡散する内容を、仕込め

広告コミュニケーションのなかでメッセージを発信する時も、直接的な商品メッセージは〝あえて避け〟て、拡散しやすい内容を仕込む必要があります。それは、サプライズのパフォーマンスであったり、ゲーム画面かと見紛うような映像であったり、チャレンジの方法はそれぞれです。

④できればPR戦略も、活用する

また、拡散する内容を仕込んだうえで、PR戦略の活用も重要だと思います。

こういったやり方を取る場合、特にネットメディアを対象としたPR施策は必須でしょう。これも、古いタイプのPR専門家は得意ではなかったりするので、新しい考え方や施策に明るいPR専門家を見つけて、意見を求めることをおススメします。

Chapter

7

【演出しない、作り込まない】

ライブ感こそ人の心を動かす時代である

Case 08

後発の携帯電話メーカーが、満を持して高機能スマートフォンを投入

〝ユニバース〟という名のスマートフォンの広告コミュニケーションの企画会議が始まった。宇宙という意味の名前を持つこのスマートフォンのコンセプトは「世界の思いをつなぐ」。そして、製品的には、過酷な環境でもはっきりと視認できる最新型ディスプレイと、今までにない強度の強化ガラスだ。

〝世界をつなぐ〟商品コンセプトと高機能の両方を伝えるテレビCMを作る

「ライバル会社のスマートフォンが人気を集める中で、この〝ユニバース〟でなんとか売上アップの糸口をつかみたいんです」

居並ぶ宣伝部員たちを前に、商品開発部の担当者は熱く語り始めた。

「この商品のコンセプトは、〝世界の思いをつなぐ〟です。ネーミングも、壮大さを思い描いて、〝ユニバース〟としました」

担当者の語りは続く。

「機能的な特徴としては、過酷な環境でもはっきりと視認できる最新型ディスプレイと、今までにないほどの強度の強化ガラスが2大ポイントになります」

会議での意見は、大きく2つに割れた。

ひとつめは、「機能的商品特徴は二の次にして、ヒューマンなタッチでいきましょう。〝思いをつなぐ〟ことを描くべきです」というもの。

さらに、「〝世界の〟の部分を表すために、日本にいる外国人たちを起用してはいかがでしょうか？」といった意見も加えられた。

2つめは、「中心に置くべきは、機能的特徴だ。ヒューマンなタッチは、全体のトーンとして反映させればいい」というもの。

さらに、「なかでも、〝過酷な環境でもはっきりと視認できる最新型ディスプレイ〟にフォーカスした広告コミュニケーションにすべきでしょう」といった意見も加えられた。

この両派の激論は熾烈を極めた。が、最後は、ヒューマンタッチ派が勝利を収めた。さまざまな国籍の人々が〝ユニバース〟でつながるシーンが、ヒューマンなタッチで、そしてオシャレに描かれた。

しかし、〝機能派〟も黙ってはいない。

最後の商品カットには大きく、〝過酷な環境でもはっきりと視認できる最新型ディスプレイ〟という文字を入れよう、と主張した。テレビCMの演出家には、ヒューマンなCMを作らせたら定評のあるベテランを起用した。

ベテランらしく両派の意見を上手に消化して、見応えのあるフィルムを制作してくれた。

しかし、成果は上がらず、ライバル社の商品の人気に、大きく水をあけられていた。

携帯電話を宇宙に向けて打ち上げ、落下までの様子を配信して話題に

宣伝部員たちも、担当してくれている広告代理店のクリエイターたちも、普通にやるのはやめたほうがいい、と直感していた。

広告を使ったイメージで言えば、ライバル社のスマートフォンの人気はハンパじゃない。ち

ょっとやそっとの広告コミュニケーションで急にはひっくり返せない。

誰もやってなくて、ターゲットであるユーザーも参加できて、商品との親しみが増して、商品機能の訴求にもつながるような何か。それは、普通のテレビＣＭではない。普通の中吊りポスターではない。普通の雑誌広告ではない。

もっと、ライブで、人々が関心を寄せるもの。

今の消費者たちは、作り込まれ演出された広告コミュニケーションには、嫌気がさしている。なんだよ、所詮は作り笑いじゃないか、作られたヒューマンじゃないか、作られたつながりじゃないか、とスルーされてしまう。

では、どうしたら、いいのか？

彼らが反応するのは、１回しか行われないこと、本当に、真正に行われたこと。消費者としての自分自身の内面に問いかけても、海外を含むさまざまな事例を見ていても、そういった傾向が感じられる。

では、今回は、どうすればいいのか？

宣伝部員とクリエイティブ・チームは、ディスカッションを始めた。

そのうちの一人が、「〝ユニバース〟でしょ？　宇宙はどうですかね」と言い始める。もう一人が、「宇宙ね、いいね」と応える。別の一人がまた付け加える。「宇宙ってさ、超厳しい世界なんだよね。それはさ、機能的特徴である〝過酷な環境でも〟につながるかも、ね」

メンバーは、話し合いながら、どんどん盛り上がっていく。問題は、その宇宙のイメージを映像でどうやって実現するか、だ。

広告代理店のクリエイターは、ある会社に電話した。

「こういうことを相談すると、答えを見つけてきてくれるヤツがいるんですよ」

果たして、その相手は、答えを見つけてきた。アメリカに高度3万メートルまで物を打ち上げてくれるサービスをする会社があるという。

それからの打合せは、猛スピードで繰り広げられた。そして、最後には特殊なバルーンを用いて商品を実際に宇宙に向けて打ち上げ、上空約3万メートルまで飛ばすことに成功する。そこにユーザーからのメッセージを表示させ、一連の様子を同じく搭載したHDビデオカメラで撮影。地面に落下するまでの映像を地上に向けて送出し、Ustreamで配信した。

この広告コミュニケーションは、大きな話題を集めた。

宇宙へ向かうというロマンが、〝世界をつなぐ思い〟を伝えた。同時に、機能的特徴である〝過酷な環境でもはっきりと視認できる最新型ディスプレイ〟と〝今までにない強度の強化ガラス〟という点も伝えることとなり、商品開発部員の理解も得られた。

なによりも、ネット上を中心に大きな話題になり、商品に興味を持ってくれる人も増加。売上目標も順調にクリアしているとの報告を、宣伝部員たちは受けることとなった。

(※サムスン〝ギャラクシー〟の広告キャンペーンを参考にした創作です)

「広告戦略」と「伝え方の手順」はこんなに変わった

New Style

今の時代の消費者とコミュニケートできる方法を模索する。

「そこでただ一度だけ」行われたという、「一回性」を重視する。

「実際に誤魔化すことなく」行われたという、「真正性」を重視する。

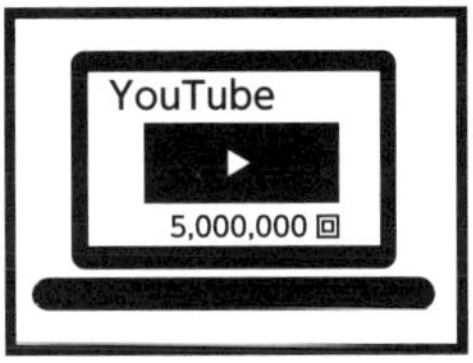

実際に何かを実行して、その様子を動画に撮り、YouTube 等で拡散を図る。

リアルな感覚が見る人の気持ちを動かし、ソーシャルメディアを中心に評判が高まる。

Old Style

作り込んで手間暇かけて演出に凝るのが、広告というもの。

１カット撮るのに、何回も撮影。ベストなもので構成する。

「キレイに見える」ことにこそ、意味がある。真っ赤な嘘は NG だけど、誇張はする。

広告主に対して、仕上がりを約束できないものは、提案しない。

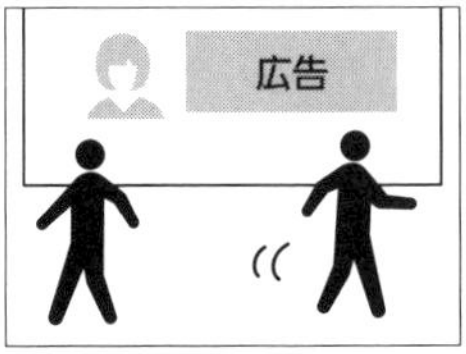

悪くはないが、人の心を打たない。そんな広告の大量生産。

Old Style の 広告戦略

作り込んで、手間暇かけて、演出に凝る

◉1カット撮るのに、何回も撮影。ベストなもので構成する

なんて時間がかかるんだ、この世界は！　なんて粘り強い人が多いんだ、この業界は！　大学を出て入社した早々、僕はたいそう驚きました。そして、10年、20年と経験を重ねて業界を良く知るにつれ、その気持ちは強まりこそすれ、弱まることはありませんでした。

テレビＣＭや雑誌広告やポスターの撮影準備は、これでもかと言うほど念入りに行われ、衣装や髪型、セリフのチェックが行われ、撮影当日を迎えます。撮影当日も、何時間もかけて撮影は行われます。時に1日では終わらず、数日をかけて行うこともありました。

15秒のテレビＣＭであれば、仮に1カット（1シーン）が2秒だとしても7カット、つまりどんなに多くても普通8カット程度です。

しかし、ひとつのカットがテイク１（1回の撮影）で終わることは、まずありえません。より納得のいくシーンの撮影を意図して、テイク10を超えることなどザラにあります。

タレントの表情から、手の動き、商品とのカラミまで、微に入り細に入り検討しながら、撮影は進んでいきます。

また、食品であれば器に盛った時においしそうかどうか、クルマであれば商品がスタイリッシュにカッコよく撮れているか、いわゆる「シズル感（その商品らしさ）」も徹底的に追求さ

れます。

基本的には演出家主導で進められるのですが、時には立ち合っている広告主から、「あのタレントさんの笑顔が少し不自然な気がしました。もうワン・トライしてもらえませんか？」などと注文が出ることもあります。

「笑顔の出来不出来など、プロである演出家に任せておけばいいのに！」

という意見もあると思うのですが、しかし、広告主の担当者からすれば、上司や社内の他部門からそういったことまで指摘されかねない立場なので、細かくならざるをえないのです。

そして、時に、多少の修正を加えます。テクニックを駆使して、キレイそうに、おいしそうに、楽しそうに見せるのは、ごく普通に行われていることです。

若い頃に、ポテトチップス系菓子の撮影に立ち合ったのですが、「張り屋さん」という人がいました。パッケージの表面を張ってキレイに映るようにするプロです。食べているシーンでタレントさんが手に持っているパッケージを、不自然な形で〝キレイに〟映すためです。

僕は素直な感想として先輩にこう言いました。「手に持っていたら表面はゆがむのだから、自然なほうが良くないですか？」すると先輩は「広告というものは、そういうものではない！　担当商品をキレイに見せるのが僕らの仕事だ」と答えました。

まともな広告は「真っ赤なウソ」はけっしてつきませんが、これくらいのことは行います。「まったくの本物」より少しはキレイに見せようと、さまざまな努力がなされるのです。

「一回性」と「真正性」が、消費者の間に盛り上がりを生む

◉「そこでただ一度だけ」と「実際に誤魔化すことなく」が、重要になる

作り込んで手間暇かけて、演出に凝って制作した広告コミュニケーションが、必ずしも効果が高いとは限らない。それが、近ごろの傾向です。

むしろ、〝作り込まず〟〝手間暇かけず〟〝演出に凝らず〟に制作したもののほうが、消費者に受け入れられ、盛り上がりを生むようになってきています。

そして、それはもちろん、〝ただなんとなく雑に〟作るということではまったくなく、「意図的にライブ感を持たせるような工夫をする」ということです。

近頃の広告コミュニケーションのこの傾向を、僕は「一回性」と「真正性」というキーワードで説明しています。

「一回性」とは、「そこでただ一度だけ」行われる内容を指します。1カットを何テイクも撮ってつなぎ合わせるのではなく、一発勝負で撮影します。

また、「真正性」は、本当にやっている、ということ、実際に行っている、ということです。CGを使わない、撮り直しを行わない、お金で雇われたわけではない出演者が登場し、ホンモノの反応を示します。

一言で言えば、〝ドキュメント〟とも言えるのですが、そこはあくまでも広告コミュニケー

ションですから、まったくの〝ドキュメント〟ではなく、意図して計算して〝ドキュメントな状態〟を作り出す、と言ってもいいでしょう。

この「一回性」と「真正性」は、従来の広告ビジネスでは受け入れられにくい要素でした。

一回しか行わないもので撮影をして、広告主のＯＫするものが撮れなかったら一大事だからです。

「真正性」についても、すでに見たように、「本当の姿」より、「ウソはつかないが、飾る」「ウソにならない範囲でキレイに見せる」のが、従来の広告の常識でした。

しかし、インターネットとソーシャルメディアの発達が、状況を一変させたのです。

人々は作り込まれたものに飽き飽きし（作り込むのならハンパじゃだめ。実際、制作費に何億もかけて有名映画監督が演出したものはテレビＣＭでも評価されています）、少なくともYouTube等で自分からクリックして見にいこうとはしてくれません。

また、「キレイにまとめられた広告」に対して、「所詮は上手なウソでしょ」とそれだけでネガティブな反応を示し、少なくとも友人に教えようとはしてくれません。広告コミュニケーションの中にある、〝ホントのこと〟＝「真正性」に、人は反応する傾向が強まっています。

◉スカイダイビングの生中継ＣＭと九州新幹線開通記念ＣＭに共通すること

２００９年にイギリスで放映された、スペインからの〝生中継〟ＣＭがありました。

この〝生中継〟ＣＭは、「困難なことは挑戦するに値する」というメッセージで始まるとと

もに、スカイダイビングのチームが飛行機から飛び降りるシーンから始まります。

十数名のチームは空中に躍り出ると、全員で手をつなぎ何やら文字らしきものを描き始めます。最初は「H」でしょうか。そして、いったん「H」を崩すと次の文字へ。今度は「O」、そして「N」。あー、なるほど。「H」「O」「N」「D」「A」を作りたいのか、と見ているほうは気づきます。

その間にもチームメンバーたちは、どんどん降下。無事に「A」までたどり着けるのか、見ているほうもハラハラします。

結果、なんとか「H」「O」「N」「D」「A」を作り終え、メンバーたちが拍手をしながら地上に降り立つあたりで、この〝生中継〟CMは終わります。

「困難なことは挑戦するに値する」というメッセージを体現しているこの広告コミュニケーションは、まさしく〝一回性〟と〝真正性〟を体現していると言えるでしょう。

長年広告ビジネスに携わって来た僕の、〝従来の感覚〟からすれば、この広告コミュニケーションは、提案する広告代理店もOKを出す広告主側としても、なかなか考えられないもの。なぜならば、万一何かの不具合で、「H」「O」「N」「D」など途中で終わってしまったりしたら、目も当てられないからです。

この広告コミュニケーションの送り手たちは、そういったリスクを冒してでも「一回性」と「真正性」にこだわったのだと言えるでしょう。

新旧の広告戦略のポイントを比較してみた

New Style	Old Style
★「そこでただ一度だけ」行われたという一回性を重視する。	☑ 作り込んで、手間暇かけて、演出に凝る。
★「実際に誤魔化すことなく」行われたという真正性が重要になる。	☑ 1カット撮るのに、何回も撮影。ベストなもので構成する。
★ 意図的にライブな状況を作り出すよう工夫をする。	☑ タレントの笑顔の表情にまでこだわり、最高のものを作る。
★ telling から doing へ。伝えようとするのではなく、何かを“やる”。	☑ ウソはつかないが、飾ることは行う。「まったくの本物」よりはキレイに見せる。
★ その“やる何か”に、一般の人を巻き込む仕掛けを考える。	☑「広告主に細部まで約束できない」ことは、基本的にやらない。

次に、日本で行われた事例を紹介しましょう。

それは、**九州新幹線全線開通記念テレビCM**です。

2011年3月11日の震災の影響で**わずか3日間しかオンエアされなかったにもかかわらず、その直後から〝人と人とのつながりを描いた元気の出るCM〟として、ソーシャルメディアを中心に評判となり**、長い期間にわたって高い人気を誇っています。

このテレビCMは、ある1日に鹿児島から福岡まで特別列車を走らせ、事前に呼びかけた一般人が手を振って祝ってくれるのを撮影したもの。250㎞もの長い距離にわたって、2万6000人もの一般の人が全線開通を祝いました。

当然、この撮影は、いわゆる一発勝負です。撮影のやり直しはできません。今の手の振り方は良くなかったからもう一回、といったことはできないのです。

つまり「一回性」です。

また、そこに映し出されているのは、すべて呼びかけに応じてお祝いにやって来た沿線の一般人でした。

映し出される人々が、〝本当に〟喜び、自らの意志で参加した人々だった、つまり「真正性」を持っていたからこそ、多くの賞賛を浴びる広告コミュニケーションに仕上がりました。

◉サムスン〝ギャラクシー〟が日本で仕掛けた「一回性」と「真正性」

もうひとつ、鮮烈に記憶に残っている、「一回性」と「真正性」の広告コミュニケーションがあります。

それは、2011年のこと。**サムスンのGalaxy S Ⅱが仕掛けた一回性と真正性の広告コミュニケーション**です。IT media Mobileの記事（2011/7/14）とAdverTimes（アドタイ）の記事（2011/7/19）を参考にして、紹介しましょう。

制作チームは、製品の名前にちなんで、Galaxy S Ⅱを特殊なバルーンを用いて実際に宇宙に向けて打ち上げ、上空約3万メートルまで飛ばしました。

そこにユーザーからのメッセージを表示させ、一連の様子を同じく搭載したＨＤビデオカメラで撮影。地面に落下するまでの映像を地上に向けて送出し、Ustreamで配信したのです。

7月15日から**3日にわたって行われたこの広告コミュニケーションは、のべ38万人に視聴され**、大きな話題を集めました。

「この星の、思いをつなぐ」のキャッチフレーズのもと、「みんなの希望を宇宙へ打ち上げよう」として行われたこの広告コミュニケーションは、製品的には、「高度3万メートルのような過酷な環境でもはっきりと視認できるSuper AMOLED Plusディスプレイと、そこからの落下にも耐えられるGorillaガラス。その2つを使っているGalaxy S Ⅱの品質の高さ」を感じてほしい、という狙いのもとに行われました。

「思いをつなぐ」ことや「品質の高さ」を、従来のやり方で伝えようとするのではなく、「一回性」と「真正性」を持つドキュメントをセッティングする形で行い、大きな話題性を得ることに成功したのです。

まとめ

「一回性」と「真正性」を活かすための3つのポイント

① tellingからdoingへ。伝えるよりも、何かを〝やる〟

従来の感覚からすると「イベント企画」に近いアイデアから始めましょう。イベント企画を活用し、たとえばその内容を動画にまとめ、より多くの人にそれを共有してもらう、という方法です。

ここでは、ベルギーで行われたカールスバーグ・ビールの例が参考になります。その「イベント企画」は、150席のシネコンの1室を借り切って行われ、3分ほどの動画にまとめられ、1800万回以上視聴されるヒット作となりました。

内容は、こうです。シネコンの1室には、148人の凶暴そうな暴走族が座っていて、真ん中に2席だけ空席があります。多くのカップルは、恐れをなして帰ってしまうのですが、なかには勇気を出して座るカップルも何組かいます。

そうして2人が座った瞬間、両隣の暴走族が〝シュポッ!〟とビールの栓を抜いて手渡し、148人全員で勇気を賞賛する拍手を送るというものです。

最後にスクリーンに映し出される文字は、「その勇気は、カールスバーグに値する」といった内容。「ちょっとした勇気を示した人に、このビールをどうぞ!」というメッセージを、多くの人に新しい形で伝えることに成功しました。

こういった〝何かをやる〟ことを考えましょう。

②実際のユーザーや一般の人を巻き込む

カールスバーグの例を見ても、その動画がたくさん視聴された主要な要因は、「ごく普通の人の反応」にありました。普通の人の、演出をしていない、本当の、ナマの反応こそが、それを見る同じ一般の人の注目を集めるのだと言えるでしょう。

③ソーシャルメディア等を活用した「共有の仕組み」も考える

doingが重要になり、「イベント企画」的なアイデアが重要になったのは、そこにいる人たち限定のものであった〝特殊な体験〟を、現代のテクノロジーで共有できるようになったからです。

一般的には3分ほどの動画にまとめて、自社ウェブサイトやYouTubeにあげるケースが多く見られます。doingによる特殊な体験を、より多くの人が共有できるような、そういった仕組みを作る必要があります。

シネコンの1室を借り切ってイベントを企画し、その様子を動画に撮ってYouTubeにあげる。こういった内容は、あなたの関わる商品やサービスでも、きっとヒントになると思います。

Case 09

サッカーW杯本大会出場がかかる大一番のテレビ中継で、クッキーの魅力をアピールする

伝統あるクッキー〝ホワイティ〟のプロモーション。〝ホワイティ〟は「まぶしいオイシサ」というキャッチフレーズで知られる、ホワイトクッキー。50年の歴史を持つクッキーだけに、古いというイメージを持たれがちで、若者からも支持されることが課題。サッカー日本代表のW杯本大会への出場がかかった一戦を前に、〝ホワイティ〟の魅力を若者に伝える広告コミュニケーションを模索している。

Old Style の 広告会議

サッカー大好きなお笑いタレントが、凝った演出で雑誌広告やポスターに登場

宣伝部員たちは、〝ホワイティ〟の味に自信を持っていたし、真っ白なその見た目も、十分に現代にマッチしていると感じていた。しかし、なにしろ50年の歴史を持つ商品で、若者の中には、オジイちゃん、オバアちゃんのイメージを持つ者も少なくない。

若者にも人気の高いサッカー日本代表のW杯本大会出場がかかった大一番を前に、なんとか若者の間で〝ホワイティ〟への関心を高める施策はないものか、と連日会議を繰り返した。

「〝白星の予感、ホワイティ〟っていうのは、どうですかね？　試合に出られるかわかりませんが、若手のA選手なら急遽、出演交渉することも可能なようです」

「日本代表ユニフォームは、残念ながら青。ところが相手チームが試合で着用するユニフォームは白、だということです。ここは、〝サッカー人気〟に乗る、ということで、思い切って、相手チームの選手を起用する手もあるのでは？」

「サッカー好きで有名で、自らも高校時代サッカー経験があり、サッカー関連番組のレギュラーも持っているお笑いタレントBと契約可能です。全身真っ白なスーツに身を固めたBがシュートするシーンを撮影し、〝勝利の、ホワイティ〟といったキャッチフレーズでカッコ良く決めるのがいいと思います！」

盛り上がって、たくさんのアイデアが、会議を熱くした。

最後は、タレントパワーで成果が見込める、お笑いタレントBを起用する案に決まった。Bはとても協力的だった。ホワイティをかじりながらシュートをしてみせてくれたり、みごとなリフティングを披露してくれたりした。

予算の関係で、用意できたのは、雑誌広告とポスターだけだった。それでも、シュートシーンは凝りに凝って、迫力のある広告に仕上がった。ホワイティの描き方も、十分に目立つ。さらに、Bが出演する番組内でも、そのポスターを紹介してもらうことに成功。これで、少しは若者に人気が出てくれるだろう。

しかし、キャンペーン終了後に行った若者向けのアンケート調査では、好意度がほとんどアップしていなかった。あれだけ頑張った広告コミュニケーションだったのに、いったいなぜだ？

部員たちは、頭を抱えた。

New Styleの広告会議

テレビ中継の途中にユニークなクッキーの画像をツイートし、大反響

宣伝部員たちは、〝ホワイティ〟を若者の間に、広めたいと心底思っていた。若者にも人気の高いサッカー日本代表W杯最終予選の大一番を活用して、なんとか若者の間で〝ホワイティ〟への関心を高める施策はないものか。

勉強家で有名な部員Aが、アメリカでの最近の動向について会議で発言した。

「人気のあるスポーツの試合で、ソーシャルメディア・チームを組織し、宣伝部員も広告代理店クリエイターなどと一緒にチームのメンバーとなり、試合の流れに沿う形で、リアルタイムでソーシャルメディアを活用する広告コミュニケーションが、大きな成果を挙げている」という内容だ。この発言に課長である若手のチームリーダーが、すぐに反応した。

「今回は、それ、やってみようよ！」

広告コミュニケーションの中心は、ツイッターの自社公式アカウントを活用することとした。今どきのツイッターは、けっこうキレイな画像も貼り付けられる。コピーライターやデザイナーも含む10名のチームを組織して、事前の打合せを重ねた。

日本がリードしている時間帯用に、「サムライブルー、リード！　白のホワイティも、応援！」という画像付きの原稿を用意した。相手のリードも想定して、「サムライブルーよ、追いつき、追い越せ。白のホワイティが付いている」という同じく画像付きの原稿も用意した。

試合当夜、広告代理店の一室に設けられた「仮設ソーシャルメディア・センター」には、今日のツイートに関して全権を委任されたチームリーダーと部員Aが同席した。

試合開始15分後、スコアは0－0。その時、なんとスタジアムで停電が起こってピッチは真っ暗になった。電気系統の故障で、復旧に30分ほどかかるという。その間、試合は中断。テレビ局はここまでの予選のハイライトシーンを流し始めた。

制作チームは、この状況をなんとか活用できないか、と考え始める。コピーライターが、す

「広告戦略」と「伝え方の手順」はこんなに変わった

New Style

イベントに合わせた広告コミュニケーションをリアルタイムで応答できるように企画する。

ハプニングが起こっても、ハプニングをネタとしてより効果的な広告を模索。

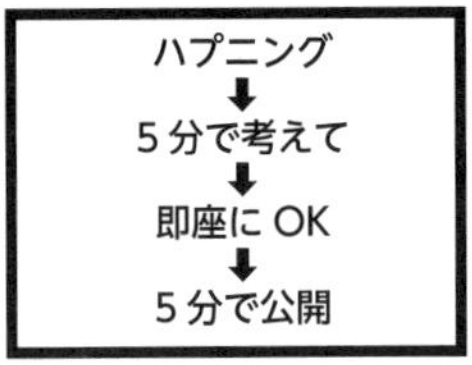

提案も決定も制作も、ほぼリアルタイムで。ネタが効くその「時」を逃さない。

リアルタイムに企画・決定・制作のできる「チーム体制」を構築する。

イベントのパワーを十分に活用できれば、大きな広告コミュニケーション効果が期待できる。

Old Style

ビッグイベントをきっかけに、自社商品の人気を高めるにはどうするか？

イベントに関連性の高いタレントを起用。商品特徴を語ってもらう。

テレビ番組内でもPRを仕掛けて、タレントに商品の紹介をしてもらう。

タレントの人気は高いのに、商品の人気は出ない。

結果、受け手からするとスルーの対象に。効果は期待はずれに終わる。

ぐにワンフレーズを思いついた。

「暗闇の中でも楽しめる、まぶしいオイシさ、ホワイティ」

デザイナーは、暗闇にぼんやりと浮かび上がるホワイティの画像をパソコンで作成。宣伝部員に提案した。「面白いですよ、これ！」と部員A。「商品の特徴も、上手に表現できている」とチームリーダー。

こうして、数分後にチームは、この画像を投稿。その機転の利き具合が若者にウケて、またたくまにリツイートが3万を記録し、大きな話題に。

試合後しばらくしてからの、若者向けアンケート調査でも、「親しみを感じる」などの数字が大幅にアップした。

（※米国オレオ社の広告キャンペーンを参考にした創作です）

Old Style の 広告戦略

じっくり考えて、案を練り込んで、検討に検討を重ねて作る

◉広告主の担当者は、多くの案の中から最適なものを選定する〝目利き〟である

従来の広告は、とにかくたくさんの人間がたくさんの案を考え、広告主に何案も提案して、お互いに検討に検討を重ねてから1案に絞り、130ページ以降で紹介したように、手間暇かけて許される限りの時間を使って、〝珠玉の1篇〟を制作するものでした。

そうして制作した、自分たちなりの〝珠玉の1篇〟を、多額の予算を使って購入したテレビCM枠や新聞広告のスペースを使ってターゲットに届け、効果を発揮して名前を覚えてもらったり好感を持ってもらうことで、買ってもらおう、というのが基本的な方法論でした。

逆に言うと、多額の予算を使って購入した広告枠で流す広告だから、制作予算もそれなりにかかり、たくさんのバージョンを作ることもできないことが普通であるため、とにもかくにも、可能な限りの〝珠玉の1篇〟を作らざるを得なかったのです。

だからこそ、たくさんの案を考え、広告主側はその中から、〝渾身のチカラで選んで〟、〝珠玉の1案〟を作り上げようとしたのです。

時には、何案出しても何回提案しても、広告主になかなか決めてもらえないことも、少なくありませんでした。〝珠玉の1篇〟である必要があり、〝渾身のチカラで選ば〟なければならないので、簡単には決められないのです。

広告主の社内で意見が割れる場合も多々あります。

これは、広告代理店のクリエイターにとっては、地獄です。

出稿スケジュールは決まっていて、撮影や編集の準備を考えると、5日後にはどんな案か決まっていなければならないのに、まだまったく決まっていない、というケースもあります。

そうなると、追加の提案を用意するため、徹夜は普通になります。次の提案では、今度こそ、広告主の承諾を得なければなりません。

そんなこんなで広告代理店側の〝スキル〟のひとつとして、広告主サイドに決め〝させる〟

技も発達してきます。

本当はこれがいちばんイイと思えるC案に決め〝させる〟ために、普通過ぎるA案や、突飛過ぎるB案も用意して、野球で言えば、「のけぞりそうなシュートを胸元に投げてから、外角低めのカーブで仕留める」ようなことを考えるのです。

そういった従来の常識からすると、この後の〈New Style の広告戦略〉で紹介するような事例のように、「広告代理店のクリエイターが5分で考えて10分で形にして、その場で広告主の承諾を得て世の中に出す」広告コミュニケーションなんて、ありえなかったのです。

New Style の 広告戦略

「リアルタイム・マーケティング」という注目の新手法で、認知度を高める

◉2012年のスーパーボウルで、停電中に機転を利かせたクッキーのツイートが話題に

リアルタイム・マーケティング。この方法がにわかに注目を集めたのは、2012年のスーパーボウルで**ツイッターを活用した、オレオというクッキーブランドの広告コミュニケーションが始まりでした。**

スーパーボウルと言えば、全米を熱狂させるプロ・アメリカンフットボールの優勝決定戦。広告界のビッグイベントでもあり、テレビCM枠は「30秒5億円」にものぼると言われています。

有名なブランドがその日のためだけに高額の宣伝費をつぎ込んでテレビCMを制作し、翌日には大衆紙で人気CMランキングが発表されるような国民的なイベントです。

その年、そこでいくつかのブランドがツイッター施策を行っていました。

試合展開に合わせて〝リアルタイム〟に内容を変えてツイートする、というもので、一種のリアルタイム・マーケティングと言えます。

オレオもその中のひとつでした。オレオは100年の歴史を持つ老舗のクッキー。牛乳にひたして食べるのが一般的で、そのことをDunk（ダンク）と言います。

その日、スーパーボウルの最中に会場であるスタジアムで停電が起こったのです。

すかさずみごとな反応を見せたのが、オレオでした。暗闇の中、そこだけ淡い明かりが当ったクッキーの写真とともに、

「停電？　問題ないよ。暗闇の中でだって、オレオは楽しめる（YOU CAN STILL DUNK IN THE DARK）」

と投稿し、その機転の利き具合がウケて、**1万5000回近くのリツイート（再投稿）を獲得**。大きな話題となり、大成功を収めたと言われています。

その後、リアルタイム・マーケティングはアメリカの広告界で大きな注目を集めています。

2014年ブラジルで開催されたサッカーW杯では、ウルグアイ代表のスアレス選手がイタリア戦でかみつき行為をした時に、スニッカーズが「イタリア人（イタリア料理）より、満足できるよ」とのキャッチフレーズ付きの商品写真とともに、

「次にお腹がすいたら、スニッカーズをひとかみするといいよ」

と、当のスアレス選手にも宛てる形でツイート。

他にもいくつかの有名事例が現れ、今も注目の新しい方法論だと言えるでしょう。

◉その場で作って、その場でOKを取り、その場で披露する

オレオの事例について、アメリカのウェブ上の記事（DigitalMediaiX）をもとに、そのプロセスを少し詳しく見てみましょう。

7：37 停電が起こります。

7：38 クリエイティブ・チームは、アイデア会議（ブレーンストーミング）を始めます。

7：41 複数の案を考え、同席していた広告主の責任者に提示します。

7：42 実際に投稿された案に決まりますが、停電の原因がわからないので（テロ等であればうかつに扱えないので）、いったん待ちの状態に。

7：47 （停電の原因がテロ等ではないことがわかって）ＧＯサインが出されます。

7：48 ツイッターでの投稿がなされます。

なんというスピード感でしょう！　停電が起こってから、5分もせずにアイデアを考え、同席する広告主のＯＫも取る、なんて。状況が整うのをしばし待つも、実際に世の中に出される

までに全体でわずか10分！

このスピード感は、従来の広告作りの感覚からすると、まったくもって、ありえない速さです。逆に言うと、今までの「1週間かけて考えて3日かけてOKを取る」といったスタイルでは、リアルタイム・マーケティングはできないということです。

同じ**オレオの事例で、毎日毎日100日間にわたって、その日ソーシャルメディアを賑わせたトピックスに関連するグラフィック広告をリアルタイムで作り続けたケース**があります。

また、**アメリカで男性用のボディウォッシュを手がけるメーカー・オールドスパイスは、投稿されたツイートに合わせて、片っ端から動画で応えていく**といったやり方をしています。

これらの事例では、100タイプとか大量のパターンの広告コミュニケーションを作るわけです。

従来の広告実務の世界では〝キャンペーン時期〟が設定され、そこに向けて時間をかけてアイデアを考え、検討し、選んで、作り上げたわけですが、デジタルの時代は、つねにON（Always On）である必要があると言われます。

また、第2章（Chapter2）で紹介した360°コミュニケーションをもじって、「360から365へ（365日毎日毎日の意）」とも言われます。

こうした新手法の出現は、広告主／広告代理店関係にも大きな変化をもたらします。

広告代理店側が時間をかけて考えて、大げさな「プレゼンテーション」を実施して広告主の賛同を勝ち取り、広告主は提案の中から選びぬいて、また広告代理店に「戻し」を行い、広告

新旧の広告戦略のポイントを比較してみた

New Style	Old Style
★「リアルタイム・マーケティング」という新手法が注目の的。	☑じっくり考えて、案を練り込んで、検討に検討を重ねて作る。
★近々に行われるリアルの出来事と、デジタルやソーシャルを結びつける。	☑たとえば、100案考えて5案に絞り、慎重に検討して1案を選び制作する。
★トピックスやイベントをチェックし、活用した企画ができないか検討する。	☑“渾身のチカラ”で選んで、“珠玉の1編”を作り上げる。
★起こるかどうかわからないことに、機転を利かして対応するとパワーアップ。	☑広告主の宣伝部長の大きな役割は、“珠玉の1編”を選ぶ目利きとしての機能。
★事態に“即応性”で応えられるような新しい「チーム体制」が必要に。	☑「1週間かけて考えて」提案し、広告主は「3日かけて検討」する。

代理店が再度検討を重ねて提案する……といった従来のスタイルでは対応できません。

こうなると、一部の業務は広告主内部で執り行ったほうがうまく回るでしょうし、そうでない場合でも、時間的にも心理的にも案決定のシステムについても、広告主と広告代理店は、より「チームとして」働く必要が出てきています。

◉「はなまるうどん」と「日本コカ・コーラ社」に見るリアルタイム・マーケティング

リアルタイム・マーケティングについて、アメリカではそれだけに特化した書籍も出版されています。

ソーシャルメディア企画会社リサーチャーのクリス・カーンズ氏による『Trendology : Building an Advantage Through Data-Driven Real-Time Marketing』です。

この本で、リアルタイム・マーケティングは、「なんらかの近々に行われるトピックスやトレンド、イベントに啓発されたコンテンツを作り出そうとする営み」と定義されています。

その対象となるイベント等は、次の4つに分類されています。

①起きることがわかっているビッグイベント（有名スポーツイベントなど）
②起きることがわかっている小さなイベント
③起きることがわかっていないビッグイベント（スーパーボウルでの停電など）
④起きることがわかっていない小さなイベント

この4つのうち、①と③について、日本でもすでに事例があるのでご紹介しましょう。

まず、①の「起きることがわかっているビッグイベント」から。これの代表的なものはエイプリルフールですね。

30年も前から、有名な豊島園の新聞広告など、このネタでの広告は存在していました。しかし、今ほど盛んではありませんでした。やはりソーシャルメディアやインターネットは、「リアルな時間を共有する」ことに関係が深いようで、近年では毎年たくさんのトライを目にします。

その中でも、大成功した広告コミュニケーションが、２０１３年4月1日に行われた、**はなまるうどんの「まるごとダイオウイカ天」**です。その頃、ＮＨＫの番組を発端に大きく注目されていた「ダイオウイカ」に上手に乗っかりました。

日刊アメーバニュース（2013/4/1）とAdverTimes（アドタイ）の記事（2013/6/11）を参考に紹介していきます。

はなまるうどんでは**４月１日にウェブサイトで、「本日４月１日から、ダイオウイカを丸ごと使用した〝まるごとダイオウイカ天〟を販売。価格は８７０００円、１週間前までに予約が必要」**としました。

さらに、「全長18m、重量５００キロのダイオウイカの鮮度を逃さずカラッと揚げるため、はなまるは25mの特製天ぷら鍋と80mのクレーン車を使った〝まるごとＡＧＴＴ（揚げたて）製法〟を開発した」などの記述が続きました。

1日午前0時に掲載を始めたところ、午前2時ころからSNS上で話題になり、翌朝から夕方にかけて話題が沸騰。同社のサイトへのアクセス数は通常の24倍となりました。

僕が小耳にはさんだ話では、このリアルタイム・マーケティングは、はなまるうどん全体の売上アップにも、大きく寄与したといいます（その年の売上が大きく上がったが、他の要因は考えつかない）。

これは、リアルタイム・マーケティングがうまくいけば、大きなパワーを生む好例ですね。

次に、③「起きることがわかっていないビッグイベント」の例として、「電通報」（2014/11/19）と「宣伝会議」（２０１４年8月号）を見ながら、**日本コカ・コーラの「Happy Stadium」**について紹介していきましょう。

これは、**２０１４年にブラジルで開催されたサッカーW杯の試合中に、試合内容を反映した動画を作成し、Vineと呼ばれるソーシャルメディア**で配信したものです。

6月15日（日本時間）の日本対コートジボワール戦。ミニチュアのスタジアムが設置されていた動画撮影スタジオでは、スタッフが日本代表のゴールシーンを今か今かと待ち構えていました。

前半16分に本田圭佑選手が先制ゴールを放つと、すぐさま準備開始。ミニチュアのスタジアム上で、〝選手に見立てたネームボトル〟を使ってゴールシーンを再現。

長友佑都選手からのパスから始まり、本田選手のトラップから、シュートの位置や角度までみごとに映像化しました。その場で撮影し、すぐにVine動画に仕立ててツイッターの日本コ

はなまるうどんが仕掛けた「まるごとダイオウイカ天」

上は 2013 年 4 月 1 日のはなまるうどん Web サイトのトップ画像。
左の画像はテレビで何度も取り上げられました。

日本コカ・コーラ「Happy Stadium」の配信舞台裏

サッカーW杯ブラジル大会の日本対コートジボアール戦。動画撮影スタジオでは、スタッフが試合開始を待ち構えています。

前半16分に日本代表が先制ゴール！　スタッフがミニチュアのスタジアムでゴールシーンを再現しようと動き始めました。

本田圭佑選手がワントラップから左足を一閃！　ボールがゴールに吸い込まれるまでのシーンが見事に映像化されました。

この映像はVine動画に仕立てられて日本コカ・コーラのツイッターアカウントから配信されました。総リツイート数3万5000、1ツイートで最大8000リツイートという数値を達成しました。

カ・コーラアカウントから投稿。

その間わずか18分。30万人あまりのフォロワーからは「早すぎる」「まさか本当に今撮ってるの？」などの反応が次々と寄せられました。

こうしたリアルタイム・マーケティングを日本コカ・コーラでは、〝リアルタイムエンゲージメント〟と呼んでいます。

そのなかでも、「起こるかどうか不確定な事象に対して準備して、それが起こったら1秒でも早くコンテンツを作成して投稿する」という今回のようなものを〝リアルタイムコンテンツクリエーション〟と呼んで、大きなチャンスがあると捉えているそうです。

今回紹介したケースでは、結果として、**全体で総リツイート数３万５０００、１ツイートで最大８０００リツイートという、それまでの活動をはるかにしのぐ数値を達成した**と言います。

まとめ リアルタイム・マーケティングを取り入れる3つのポイント

リアルタイム・マーケティングとは、「リアルの出来事とデジタルやソーシャルを〝即応性〟で結びつける」広告コミュニケーションです。そんなリアルタイム・マーケティングを取り入れる際のポイントを３つ挙げてみましょう。

①近々に行われるトピックスやイベントをチェックし、アイデアを練っておく

発想の方向として、真面目に自社製品やサービスの特徴だけを考えずに、いったんイベントカレンダーを眺めてみましょう。イベントに乗っかって、なにかできないか？今、話題のトピックスも加味しながら、アイデアを膨らませましょう。

多くのライバルが参戦するイベントでも、アイデアの持っていきようで効果は挙げられます。

たとえば、2012年の、就活解禁の日の深夜0：00分からオープンした博報堂の就活サイトが話題になりましたが、これなどもオープンを深夜0：00分にすることで「日本一早い就活」と銘打つというアイデアの勝利でした。

②事前の企画検討や準備は、必要。フットワークやノリは軽く、が重要。

今まで紹介したどの事例にしても、事前の企画検討や準備は、相当に行われています。そこは、従来型の企画と同じように重要なので、アイデアについて詰めて練り上げていきましょう。ただし気を付けたいことは、けっして重々しくならないことです。

「リアルタイムであることで面白味が増す」つまり「時間的に重なっていることで面白味を感じる」ということ自体が、言葉の重なりで面白味を出そうとする「ダジャレ」みたいなものだとも言えます。

そこでは、重々しい主張は似つかわしくないケースが多いでしょう。ここはひとつ、

「ダジャレ」でも考えるくらいの、軽いノリでアイデア出しをしてみることをおススメします。

③「その場対応」が可能なチームを組織する

オレオの事例にあったように、「起きることがわかっていないこと」に〝即応性〟で上手に対応できた時の効果は、絶大なものがあります。

しかし、それを成し遂げるには、すぐに表現案を考えて形にできるスタッフの配備、その場で提案にＯＫが出せる立場の広告主も同席すること、などが不可欠の要素となります。

Chapter

8

【商品名は最後まで出さない】

少ない予算でも
広告効果は生み出せる

Case 10

予算がない激安オンラインショップがウェブサイトをリニューアル

名古屋を本拠地とする、タイヤの激安オンラインショップ〝オートロード〟。品揃えも充実し、ウェブサイトもリニューアルしたことを契機に、新たな広告コミュニケーションを企画することに。お客様は全国各地にいるが、有名大手広告主のように潤沢な予算があるわけではない。果たして、どうすれば？

Old Style の広告会議

予算が許す限り、テレビCMと雑誌広告で全国のお客様にアピールする

品揃えの豊富さにも自信があるし、価格もどこにも負けないだろう。しかし、その品揃えの豊富さと激安価格を維持したうえで適切に収益をあげていくには、まずもって、日本全国の人々に知ってもらい、利用してもらわなければならない。

「うーむ」と、宣伝担当課長は、頭を抱えた。

我が社のブランド名とサービスを、全国津々浦々のお客様に知ってもらうには、全国ネットのテレビＣＭや、全国紙の新聞広告、全国規模の自動車関連雑誌への広告出稿が必要だ。

かろうじてそうするだけの予算は確保されているものの、しかし「見たことないなぁ」という人が大部分、というレベルの出稿しかできないだろう。

クルマメーカーや飲料会社、最近ではＩＴ企業までが、「よく見るなぁ、このＣＭ」というほどの大量出稿をしている中では、正直「焼け石に水」のようにも思える。

あるいは、重点地区を選んで、地方局や地方紙で広告を展開するか？　それにしたって、かなりの予算は必要だし、届かない地域が出るのもなるべく避けたい。

しかし、悩んでいても仕方がない。宣伝担当課長は、全国ネットのテレビＣＭと全国規模の自動車関連雑誌に出稿することを決めた。

今度は、テレビＣＭと雑誌広告の内容だ。ベテラン課員のＡさんはこう主張する。「そんな

に何度も目にしないのであれば、それこそ、言いたいことがバンと伝わる内容にするべきです。〝豊富な品揃え！〟という文字とナレーション、〝激安〟という文字とナレーションさえ伝わればそれでいいくらいに考えないといけないのではないでしょうか」

それに対して、若手のBくんはこう主張する。「いやいや、もっと共感を得られる内容にしましょうよ。タイヤを激安で買えたので、その分デートを豪華にすることができて、恋愛が成就した、とか」

どちらの言い分にも一理ある。そう思った課長は、Bくんの意見をベースにしたテレビCM案を採用。最後の方ではかなり目立つ形で〝豊富な品揃え〟と〝激安〟を打ち出すことにした。満を持して、オンエアが始まった。しかし、反応は薄い。売上が上がる気配もない。どだいこの予算では無理だったのか。課長は、こみ上げる苦い思いを無理やり飲み込んだ。

New Style の 広告会議

オンライン動画をSNSで拡散させて購買に結びつける

実感として誰も見てくれている感じがしないような、テレビCMとかはやりたくないな。担当になりたてのT課長は、そう思った。営業の頃、自社のテレビCMを会社で資料としては見せられたものの、毎日生活していて、普通にテレビをつけていたときに見た記憶がなかった。「あれじゃ、意味ないんじゃないかな」。T課長は、素直にそう思っていた。

だが、他にやりようはない、という。「もう見飽きたよ」というほどの大量出稿をする予算は、我が社のビジネスの構造上からも無理だ。しかし、ネット通販というビジネス上、地域を絞ることもできない。さて。どうするか？

待てよ。ネット通販なんだから、ネットでアピールすれば、いいんじゃないか。でもなぁ、バナーのクリック率も、今やかなり低いという話もあるしなぁ。いちばん有名なポータルサイトのいちばん目立つところにバナーを出すには、全国ネットのテレビ局でCMを流すくらいのお金がかかると言うし……。

うーむ。うーむ。

そんな中で、T課長は、ふだん懇意にしている広告代理店の営業に相談してみた。その営業担当は、書籍やセミナーなどで、広告コミュニケーションのトレンドをよく勉強しているという。彼女に意見を聞いてみよう。

広告代理店の営業Bさんは、こう答えた。「このごろ、コンテンツ・マーケティングというキーワードをよく耳にします。お客様が見たくなるようなコンテンツを作って、それをウェブで流すことで集客をする、というものです」へぇ、それは面白い、とT課長は思った。Bさんは続ける。「いろいろなやり方があるようですが、いちばんポピュラーなのは、オンラインで流す動画を作る、というやり方です」

T課長は、「これだ！」と思った。今回は、これでやってみよう。ネットであれば、全国津々浦々、どこにいる人にも見てもらえるし、内容さえ面白ければたくさん見てもらって、そこからウェブサイトに誘導し、販売アップにも上手につなげられるかもしれない。

こうした動画を作るのが得意だ、というクリエイティブ・ディレクターもチームに加わり、プロジェクトはスタートした。

幾度も検討を重ねて、動画の内容は思い切ったものに決定した。「心臓の弱い人は見ないでください」と最初に掲示された動画で、確かに相当にコワイ内容のもの。雪道のコワさを、動画を見る人にエンタテインメントの形で提供。そこから、タイヤを替えないままで雪道を走るとコワイよ、というメッセージを伝え、自社での購入につなげる狙いだ。

自社ブランド名やウェブサイトへの誘導は、最後の最後に、少しだけ提示するにとどめた。動画の内容も、わざと過激なものにした。気の弱い部長は、「大丈夫か?」と不安げにしていたが、「これくらいしてこそ、成果につながります」と押し切った。

企画を知った社長は、応援してくれた。さすが、ふだんからチャレンジを標榜しているだけのことはある。それでも、公開してすぐは、不安だった。本当に、多くの人が見てくれるのか。問題は起こらないのか。しかし、そこは細心の注意を払った。スタッフを信じよう。

結果は、想像を超えるほどの、大成功だった。このオンライン動画コンテンツは、またたくまに話題になり、ソーシャルメディアで広く拡散した。

その後は何百万回も見られる結果となり、売上も好調なようだ。T課長は、広告代理店のBさんが勉強熱心だったことに、今さらながらに感謝した。

(※オートウェイのオンライン動画コンテンツ〝雪道コワイ〟を参考にした創作です)

「広告戦略」と「伝え方の手順」はこんなに変わった

New Style

受け手が「見たい」と思うコンテンツって何だろう？　とまず考える。

自社の商品と関連づけられそうなテーマの周辺で、アイデアをふくらます。

「商品の出」はできるだけ遅く。受け手を十分に引きつけてから、最後の最後に、商品紹介を！

そうやって制作した、思い切った作りのオンライン動画を YouTube で流す。

うまくいくと、受け手が自分から見に来てくれて、大きな成果につながる。

Old Style

少ない予算でもなんとかテレビ CM 枠か新聞広告枠を確保。

少ししか人目に触れないので、言いたいことを強く押し出す。

「商品の出」はできるだけ早く。15 秒 CM なら少なくとも 5 秒以内に。

できればタレントを起用して、商品の特徴を語ってもらう。

結果として、受け手からするとスルーの対象に。効果は期待はずれに。

Old Style の広告戦略

マス広告で送り手の言いたいことをひたすら言う

◉少しでも予算が取れるなら、やはり一応、マス広告を！

ライバル製品に比べると、予算が少ない。テレビや新聞に広告を出しても、目につく量は4分の1くらいか。そもそも、若者向けの商品で、ターゲットがテレビを見ているのか、新聞を読んでいるのか、大変に心もとない。そんな状況であること、少なくないのではないでしょうか。

そして、それでも、他にやりようがない。ま、出せるんだったら、一応、出しておこうか。出さないと流通や自社社員も含めた関係各位に、「チカラが入っていない」ように見られて、頑張って売ってもらえないし……。そんな理由づけもされますね。

みなさん、いかがでしょうか。テレビCMや新聞広告が効いているのかどうかわからないけれど、他の方法がわからないし、とりあえずマス広告に出稿するというようなケースは、少なくないことでしょう。

◉何の広告かすぐわかるのは当然、商品は少しでも大きく！

そして、わずかな量のマス広告を出すとなると、いきおい「消費者が見たいもの」とはかけ離れて行きます。逆に、「送り手側が伝えたいこと」のオンパレードになる。

〝何の広告かすぐわかる〟ことは当然だし、テレビCMなら商品の出を早くしろ、と教わります。若い頃、上司のクリエイティブ・ディレクターからは、よくそういう指摘を受けました。「こんな、最後の最後しか商品が出てこないテレビCM案なんて、広告主はOKしないぞ！もっと早い時間に商品を見せることは、できないのか？」というわけです。

クリエイティブ・ディレクターがそう言わなくても、たいていの場合は広告主の担当者から、そう言われます。新聞広告であれば、もっと商品の説明を書いてほしい、目立つように入れてほしい、と要請されるし、ポスターなら商品を大きくあしらってくれと命じられます。

また、15秒ぜんぶを効果的に使いたいから、トップカットに企業名か商品名を入れろ、という指示も頻繁に受けました。ある宣伝部長から、「大金を使ってテレビCMを作り、大金を使ってテレビに流しているんだ。1秒だって無駄にはできない。1秒たりとも当社のこの商品の広告だとわからないのは許さない」と、リアルに言われたこともあります。

New Style の 広告戦略

広告を避けてコンテンツ・マーケティングで訴求する

◉〝受け手が見たいもの〟じゃないと、見てもらえない時代

トップカットに企業名や商品名がデカデカと表示され、15秒のほとんどで商品が中心に映し出されるような、面白くもないテレビCM。あるいは、商品説明が延々と書き連ねられる新聞

広告。それらは、多くの場合、〝受け手が見たいもの〟では、ありません。

昔からトイレット・タイムと言われてきたように、広告は基本的に、受け手から歓迎される存在ではありません。そういったアド・アボイダンス（広告を避ける）傾向は、ネット時代にはより強まっています。ネットの特性が、〝自分でクリックして、記事や動画に、こちらから能動的に接する〟という特徴を持つからでしょう。

さらにテレビCMで言えば、録画視聴が増え、「CMスキップボタン」の便利さが飛躍的に増大していることも見逃せません。簡単に飛ばせて、行き過ぎたら10秒戻せるなど、我が家の子どもたちを見ていても、完璧に使いこなしています。

こんな時代には、受け手が「広告かぁ」と思った途端に、脳内スキップされたり、リアルに飛ばされる可能性が高まります。そうなると、ライバルは、番組そのものであり、もしくはYouTubeの素人投稿ということになります。

何百万回も見られている〝ネコが紙袋に入るだけの超かわいい動画〟や〝スポーツの見たことのない珍プレー〟などと比べても、受け手が積極的に〝見たい〟と思うものでないと見てもらえません。まずは、楽しませて！　喜ばせて！　役に立って！　というのが、消費者の態度です。

そうなると、広告も、楽しませて、良い気持になってもらってから、「広告要素」は最後に少しだけ、というほうが、見てもらえる可能性が増加する、と考えられます。

潤沢な予算があるのであれば、まだまだマス広告は有効です。ネット系企業がこぞってテレビCMを大量オンエアしていることからも、それは見て取れます。

しかし、予算が潤沢ではないのなら、マス広告は見送ったほうがいいというのが、最近の大勢だと感じます。わずかな量のマス広告で、送り手目線で言いたいことを詰め込み、その結果として〝受け手が見たいもの〟ではなくなり、結局はスルーされてしまう。そんな悪循環こそが、〝広告が効かない時代〟の正体ではないでしょうか。

◉コンテンツ・マーケティングという注目の手法

そんななかで注目され、実際に活用例も目立つのが「コンテンツ・マーケティング」と呼ばれる手法です。

『エピック・コンテンツマーケティング〜顧客を呼び込む最強コンテンツの教科書〜』（ジョー・ピュリッジ著、郡司晶子ほか訳、日本経済新聞出版社）によれば、コンテンツ・マーケティングとは、

「有益で説得力のあるコンテンツを制作・配信することによって、明確に定義・認識されたターゲット・オーディエンスを引き寄せ、獲得し、エンゲージメントを作り出すためのマーケティングおよびビジネス手法」

であり、そして、その目的は、

「収益につながる顧客の行動の促進である」

とされています。

ここで言う〝コンテンツ〟は、「内容・中身」を指す英語で、その形態は何でもよく、企業ブログでもウェブサイトでもオンライン動画でも、何でもありと言えます。では、コンテンツ・マーケティングと呼ばれるものは、いわゆる広告とどこが違うのでしょうか?

それは、こちらから届けるのか、相手が能動的に手に入れようとするかの違いです。『〜編集者のように考えよう〜コンテンツマーケティング27の極意』(レベッカ・リーブ著、郡司品子ほか訳、翔泳社)によれば、

「典型的なマーケティングや広告手法との違いを挙げるならば、(中略)相手を引きつけるマーケティングである。消費者が必要だと探しているときに、信頼できて、わかりやすく、役に立ち、思わず注目したくなり、魅力的で、面白い情報がそこにあるという状態にすること。つまりは、引きつける戦略のことだ」ということになります。

広告業界では10年来「ブランデッド・コンテンツ」という言い方がされていて、僕自身は早い時期から、ブランデッド・コンテンツを「今までの広告の形はしていないけど、広告としての機能=ブランドのメッセージをドライブする機能を果たしている一連の活動」と定義して、注目し活用を促してきました。

数年前から大手広告代理店の打合せでは、「今回はさ、テレビCMに捉われず、何かブランデッド・コンテンツみたいなものを考えてみようよ」といった形で、頻繁に使われるようになった用語であり考え方です。

このブランデッド・コンテンツは、まだ「普通なら従来の広告を考えるのだけど、今回はそ

新旧の広告戦略のポイントを比較してみた

New Style	Old Style
★ “受け手が見たいもの”しか、見てもらえない。	☑ 少しでも予算が取れるなら、とにもかくにも、マス広告を。
★ 受け手が“広告か”と思った途端に、スルーされる。	☑ マス広告は流通対策にもなるし、広範囲に届けるにはそれしかない。
★ コンテンツ・マーケティングという手法が注目されている。	☑ 無理して少しだけ出稿するのだから、何の広告かすぐにわかるのは当然。
★ オンライン動画等で受け手を引きつけ、商品の広告効果につなげる。	☑ 少ししか接触してもらえないから、送り手が言いたいことを目立たせる。
★ 日本でも、コンテンツ・マーケティングは地方の広告主から始まって大手広告主にも波及中。	☑ CMでは、商品の出は、なるべく早く。1秒たりとも無駄にせずにアピール。

れでは効かなそうだから、別の選択肢として、それ以外の形も考えてみようよ」といったニュアンスで使われていました。

ここ1～2年のコンテンツ・マーケティングというキーワードの使われ方を見ていると、コンテンツに対する考え方は基本的に同じなのだけど、より積極的に「コンテンツによって、相手をひきつけるマーケティングである」という意識が強いように感じられます。

◉地方の〝大手ではない〟広告主から始まり大企業にも波及中

コンテンツ・マーケティングにおけるコンテンツの中でも、最も注目されているのは、オンライン動画コンテンツ。YouTube 等に動画コンテンツを挙げて注目してもらい、受け手に自らクリックして見てもらおう、という試みが多くなされています。

日本で活発に行われるようになったのは2013年後半ごろからです。最初は地方の大広告主とは言えない広告主から始まり、しだいに大企業もチャレンジするようになりました。

ここでは、2013年11月19日に公開された**「雪道コワイ」というオンライン動画コンテンツについて紹介しましょう**。僕自身はふだんからツイッターやフェイスブックなどのSNSから多くの情報を得ていますが、そうした中〝はやってる動画〟として最初に認識した日本のコンテンツが、この「雪道コワイ」です。

タイトルの前にわざと【閲覧注意】と銘打っている40秒あまりのこの動画は、暗い雪道を進むクルマの中から前方を見た映像から始まり、突如〝コワイ〟ことが起こる内容です。

どんでん返しのビックリ系コンテンツだったこともあって**とにかく話題になり、すでに100万回近く視聴**されています（この動画は2015年5月20日現在、公開されていません）。

この「雪道コワイ」はオートウェイという福岡を拠点とするネット販売専門の激安タイヤショップが制作したもの。ネット販売専門であることからオンライン動画の視聴の多くが実売につながりやすいであろうことは、容易に想像できます。

また、その「ビックリ系どんでん返し」的な作り方も、〝激安〟という特性によくマッチしていて、納得のいくものではないでしょうか。

この他にも、2014年3月6日には、**TOSANDO musicという岩手県の音楽教室や楽器を扱う会社が制作した、結婚式を舞台とした動画が公開。〝泣ける動画〟として話題になり、200万回以上視聴**されました。

オートウェイやTOSANDO musicは、地方の〝大手ではない〟広告主で、潤沢な予算は持っていないと思われます。

オートウェイで言えば、ネット販売専門ということで、お客様は日本全国にいる状況。しかし、全国規模のマス広告展開をしようとしても、「ほんの少しのマス広告を、一応出稿する」状態になりかねないでしょう。

そういった状況の中、持っている予算で大きな成果を挙げた、優れた「コンテンツ・マーケティング」の事例と言えます。

こういった地方広告主の成功を背景に、大手広告主も、この分野でのチャレンジを始めています。最初に注目されたのは、**サントリーC.C.レモンの「忍者女子高生」で、700万回以上視聴される大ヒット作**となりました。

3分30秒のこの動画コンテンツは、普通の女子高生（ショートカット）のアップから始まります。別の女子高生（ロングヘア）が、スマートフォンの動画機能で撮影しているという設定。ショートカットの女子高生がスマートフォンを受け取って撮影を始めると、ふざけて逃げ出すロングヘアの女子高生。ショートカットの女子高生が撮影しながら追いかけます。

追いかけっこは徐々にエスカレートし、外階段から飛び降り、路地裏を駆け抜け、前転やバック転をしながら追いかけっこは続きます。ついには、神社の屋根やビルからくるくる回りながら跳び、最後は浜辺で追いつき、2人でグルグル回りながら、追いかけっこ遊びは終了。一緒に砂浜に座り込んだところで、追いかけていたほうの女子高生が背負っていたリュックの中からC.C.レモンを取り出します。

このシーンがだいたい終了の20秒ほど前。最後の最後にやっと商品の登場となるわけです。207ページ以降の【OldStyleの広告戦略】で紹介した、「1秒たりとも当社のこの商品の広告だとわからないのは許さない」という某宣伝部長の発言とは、隔世の感がありますね。そして、キャップを開けると、C.C.レモンの中味が勢いよく吹き出します。楽しそうな2人の女子高生。ここで動画は終了となります。

この動画は、高校生を中心とする若者ターゲットとC.C.レモンの間に、いかにエンゲージメントを築くかを狙ったものと考えられます。さらに、海外の人にもわかりやすいようにテロ

サントリー C.C. レモンの販促に一役買った動画「忍者女子高生」

3 分 30 秒にも及ぶ動画は教室にいるショートカットの女子高生のアップから始まります。いかにも素人が撮ったような感じです。

ふざけて逃げ出した、もう一人のロングヘアの女子高生は前転やバック転をしながら疾走。そして、校舎の排水管を伝って屋上まで登っていきます。

屋上でショートカットの子と鉢合わせ。しかし、軽やかな身のこなしで今度は屋根伝いに、隣りの校舎の理科室に向かいます。

理科室で、突然キックボクシングの真似を始めるロングヘアの子。実は彼女、現役の女子高生でプロキックボクサーとしても活躍する吉野楓香さんです。

ロングヘアの子に続いてショートヘアの子も校舎の５階から飛び降り、路地裏や神社を駆け抜け、追っかけっこが続きます。

二人は忍者のようにお城の屋根を走り抜け、最後は天守閣から飛び降ります。“MUSASABI” というテロップとともに外国人のナレーションも流れます。

バック転を続けながら、浜辺まで来て追っかけっこは終了。ショートカットの子がカバンから「C.C. レモン」を取り出したのは、動画が始まって３分を過ぎてからでした。

ップをローマ字にしたり、言葉を尽くさなくてもわかりやすい動画コンテンツにしました。

忍者女子高生の場合は、予算の問題というよりも、マス広告では到達できない可能性の高い層と、どうつながり合うかを狙ったと言えるでしょう。

さらに、2014年11月28日には**NTT docomoが「3秒クッキング　爆速エビフライ」を公開して、1400万回以上視聴され、ワイドショーでも取り上げられるなど大ヒット**を飛ばします。このNTTdocomoの例も、予算が潤沢ではないという理由よりは、「若者に対しての魅力の表現」「面白いことをやるブランドとしての認識醸成」という側面が強いかもしれませんね。

まとめ　コンテンツ・マーケティングで成功する3つのポイント

①「商品の出」を、遅くする

誰が提供しているコンテンツなのか、は、最後の最後に明かすのが、この手のコンテンツ制作の王道です。「商品の出」は、できる限り遅くしなければなりません。「送り手が見せたいもの」を見せるのではなく、「受け手が見たいもの」を見せなければならないからです。これは、従来の広告の常識とは真っ向、正反対になります。

②「広告に見えない」工夫をする

①のポイントは、物理的なことなので比較的実行しやすいと思いますが、それだけでは、受け手を引き付ける動画コンテンツにはなりません。撮影の仕方やストーリーの進め方も、広告テイストや広告文脈では、人々はスルーします。ここは「広告に見えない」工夫をする必要があります。

C.C.レモンの忍者女子高生の例で言えば、「素人動画投稿的テイスト」の活用です。このポイントは、広告づくりのベテランほど、難しいポイントと言えます。

忍者女子高生のように、あれだけブレブレの映像を多用するとなると、〝女子高生〟同士が撮った自然な映像〟という狙いを頭では理解できても、それまでに培ってきたプロとしての経験が邪魔をして、感覚的に許せない場合も想定されます。

相当に〝頭を切り替えて〟臨むことをおススメします。

そして、自分の意識を変えるとともに、発注する相手も選ぶ必要があります。「それまでに培ってきたプロとしての経験」が邪魔をして、「広告に見えない工夫」を上手く消化できない人も少なくないからです。候補の人の最近の仕事をよくチェックして、新しいことにチャレンジする性向の人と組むように心がけましょう。

③内容は、「あからさまでない形で」商品と結びつける

しかし、もちろん、行おうとしているのは、ただの〝コンテンツづくり〟ではなく、

あくまでも「コンテンツを活用した〝マーケティング〟」です。

テーマ設定やコンセプト、取り上げる内容や仕上げの方向性については、「あからさまではない形で」、しっかりと商品やサービスと結びつけましょう。ここでは、従来の広告の考え方が十分に役に立つと思います。

「雪道コワイ」で言えば、ネット通販でお客さんが全国津々浦々にいること、激安であることなどの商品特徴が、しっかりとオンライン動画コンテンツのテーマや仕上がりに活かされています。

「忍者女子高生」も、若者の生活にぴったりの飲料であること、海外の潜在顧客にもアピールしたいということ、など、商品の持つ特徴や課題と、しっかりと結びついた動画コンテンツに仕上がっていると思います。

Case 11

老舗の航空会社が人気回復のために新たな戦略立案を検討

ヨーロッパの有名国の老舗航空会社。知名度も実績も十分だが、近ごろではＬＣＣや他国の航空会社に浮気する顧客も増えてきて、人気も低迷ぎみだ。日本の大手航空会社ほどの予算はかけられないが、なんとか人気を回復し、売上アップにもつなげたい。宣伝部での会議が始まった。

Old Style の広告会議

トップの鶴の一声で割引キャンペーンを実施するも惨敗に終わる

何を伝えたら、効果につながるのか？

宣伝部員たちは、その議論をすることから始めた。母国のイメージを改めて伝えるのか？　それなら、有名なスポーツ選手を起用しようか。あるいは、名物の料理シリーズなどは、どうだろう？　日本と母国との関係を描く記事的な広告も良いかもしれない。

いや、拠点としている国際空港の、ヨーロッパのさまざまな都市に向かう際のハブ空港としての機能を訴えよう、という意見もあった。日本から直行便が飛んでいるヨーロッパの都市はそう多くない。多くの人が、一カ所くらい経由してから目的地に向かっている。

その点、自社のメインの空港は、ヨーロッパの多くの都市とつながっており、ハブ空港としての実績がある。また空港も新しくさまざまな施設が充実しており、トランジットの時間も楽しく過ごせることは、ユーザーにきちんと伝わりさえすれば強みになるはずだ。

いや、機内サービスにフォーカスするべきだ、という意見や、機内の椅子の機能を中心に伝えるべきだ、という意見も少なくなかった。

また、「つねに顧客のことを第一に考えている」ということを、前面に押し出すのが良いという意見もあった。乗務員たちの笑顔と、顧客第一を上手に言い表したコピーで、雑誌広告や交通広告を展開すべし！　というものだ。

なかなか、方向性は決まらなかった。

ある日は、有名スポーツ選手起用派の意見が優勢になるが、別の日はハブ空港訴求派が勝利を収めそうになり、また別の日には顧客第一主義派に傾いた。

締め切りは間近に迫っていた。決断は、日本支社長に託された。支社長は、「で、どれがいちばん売上アップに〝直結〟するのかね？」とメンバーに尋ねた。ここでも意見は割れた。

支社長は業を煮やし、〝割引キャンペーンで行こう〟と唐突に言い始めた。

プロモーション予算の半分を割引予算に当てる。残りの半分を広告に使って、割引キャンペーンを徹底的に告知して、今期の売上増に結びつけよう！　と檄を飛ばした。

釈然としないメンバーも少なくなかったが、誰も有効な対論を持ち合わせてはいなかった。みな、支社長の指示通り、作業に入った。

同社の〝割引キャンペーン〟が始まった。最初こそ、多少は売上がアップするように見えたが長くは続かなかった。割引してもＬＣＣよりは高いため、わずかな金額の違いであれば、他国の航空会社を選ぶ人も減らなかった。

New Style の 広告会議

ファンを喜ばせるサービスを次々に開発し、その「広告効果」で売上アップ

ＬＣＣや他国の航空会社ではなく、自分たちの航空会社を選んでもらうには、どうすればい

いのか？　従来型の広告をやっていたのでは、ラチがあかない。〝一応〟やるだけで、結果には結びつきそうにない。

宣伝部メンバーの多くが、そう感じていた。勉強家の一人が、海外では「ファンの活性化」をテーマにした施策が効果を上げているという報告をした。

なるほど！　と一人の若いメンバーが声を上げた。

「我々のいちばんの強みは、『つねに顧客のことを第一に考えている』ことだ。それを広告を通じて〝表現〟するのではなく、実際にやってしまうのは、どうでしょうか」

その一言がきっかけになって、議論は一気に進んだ。

この時代だから、ソーシャルメディアを活用しよう。ツイッターとフォースクエア（その場所に来たことを示すＳＮＳ）が良さそうだ。

ツイッターとフォースクエアをみんなでチェックして、当社の飛行機に乗る人を見つけよう。そして、〝一人ひとりのためになること〟を一生懸命に考えて、彼ら彼女らに、ちょっとしたプレゼントをするのは、どうだろう。

会議は盛り上がった。しかし、実際に実施するのは、なかなかに困難だ。そこで、プロジェクトチームが結成され、多くの職員がこの施策に参加した。

まず、「サプライズ・フェア」という、次のような施策が始まった。

たとえば、恋人とニースに行くとツイートしていた人を空港で見つけて、ニースのガイドブックをプレゼントした。スポーツイベントに出席しにオスロに向かう女性も探し出して、ナイキプラス対応の製品（運動計測器）をプレゼント。さらに、iPadアプリが買えるクーポン券やサプリ食品など、それぞれの人の、それぞれの旅行目的に合致したプレゼントを渡した。プレゼントされた人々がそのことをツイッター等に投稿し、反応は100万件を超えた。

その次に打ち出された施策の名は、「シートメイト」。一人きりの長旅は味気ない。かと言って、お隣が話の合う人かどうかは、わからない。

そこでチームが提供したのは、フェイスブックを通じて、お互いのプロフィールを知り、そのうえで隣に座りたいと思った人同士を、実際に隣の席にブッキングするというサービスだ。

さらには、こんなユニークな試みにも挑戦した。名づけて「ご意見拝聴」キャンペーン。

ある映画関係者が、この航空会社の母国にある第二の都市に行こうとすると、東京からの直行便が無いことを嘆くツイートをした。それも、「ある特定の日のフェスティバルの日に直行便で行きたいのに！」という、具体的な投稿だった。

チームは、これに反応。この映画関係者が行きたいその日に、特別便を設定し、もし全席が埋まれば、直行便を出すと公言した。すると、わずか5時間で座席予約は満杯になり、実際にこの臨時直行便が飛ぶことになった。

このように、自社の顧客をまるで〝コミュニティ〟のメンバーであるかのように扱い、一緒に盛り上がれるようなサービスを次々に実施。その活動はマスコミにも取り上げられ、人気は徐々にアップし、半年後には売上も明らかに上昇した。

（※KLMオランダ航空がオランダで実施したファン活性化策を参考にした創作です）

「広告戦略」と「伝え方の手順」はこんなに変わった

New Style

従来型の広告では、ラチがあかない。結果に結びつかない。

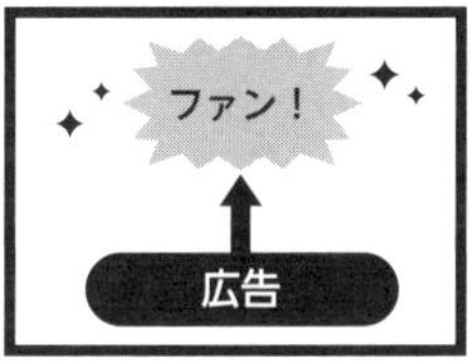

中長期的な繁栄を目指し、「ファンの活性化」を意図した広告コミュニケーション施策を行う。

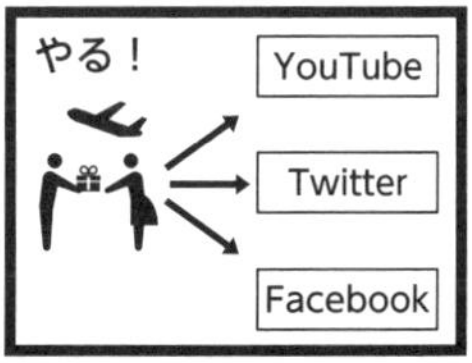

広告を通じて“表現する”のではなく、実際に“やってしまう”。それをソーシャルメディア等で拡散する。

ファンサイトを作る。“おススメするファン”が発言しやすい仕組みを作る。できることは、いろいろある。

ファンの活性化が図れれば、既存顧客も潜在顧客も、両方の獲得が可能になる。

Old Style

この広告で、いったい“いくら”売れるんだ？

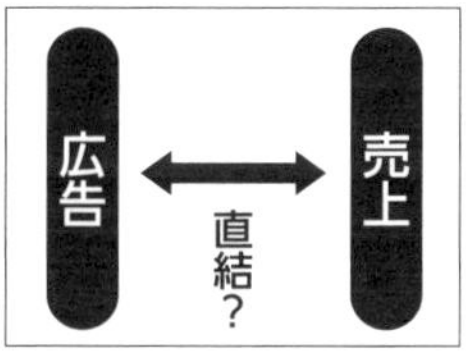

とにかく「売りに直結」する広告キャンペーンを！

「顧客第一」は置いておいて、割引キャンペーンに予算の大半を配分する。

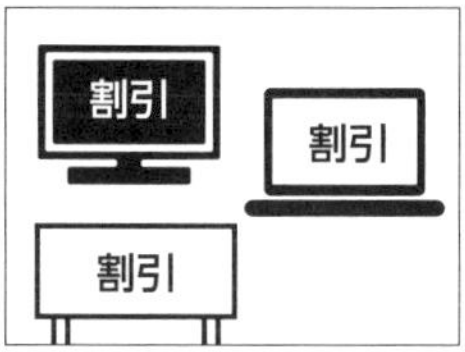

「割引」キャンペーンを直接的かつ大々的に告知。

結果として、受け手からするとスルーの対象に。効果は、期待はずれに。

Old Style の広告戦略

売りに「直結」しない広告は、要らない

◉「この広告で、いくら、売れるんだ?」という考えが先にありき

広告に携わっていてよく言われるフレーズが、「この広告で、いくら、売れるんだ?」という質問です。また、世界で話題になった事例を紹介していても、「こんなんで、本当にモノは売れるの⁉」という、シニカルな反応に出会います。

それは、一見もっともな反応に聞こえます。広告コミュニケーションは、もちろん、結果的には売上に貢献する、あるいは企業の収益に貢献するために行っているわけですから。

しかし、ある広告コミュニケーションだけを取り上げて、いつも「これで、いくら、売れるんだ?」という視点で判断するのは、大変に性急であり、得にならない態度です。

読者のみなさんは、僕が指摘するまでもなく、身に染みて実感されていると思うのですが、「モノを売る」ということは、そんなに簡単ではありません。

一発の広告コミュニケーションを見て、「よしっ、これは買わねば」などと思うことなんて、めったにありませんよね。受け手としての自分を考えてみても、そうではありませんか?

◎売れるようにするためには、伝えたいことを、とにかく強烈にメッセージせよ

「広告は、売れて、ナンボだ!」というフレーズもしばしば使われてきました。このように語

る人は、頭の中のイメージとして、テレビCMや新聞広告に一度接触しただけで、「おー、これは欲しい、ぜひ買わねば」と受け手が思って買いに行く、という状態を思い描いているのでしょう。

そう考えると、どうしても広告は、送り手の言いたいことを、ただただ派手に目立つように伝えようとすることに終始してしまいます。

そして、ここまでも見てきたように、現代の消費者からは確実に〝スルー〟されます。「それでスルーされない」と信じることができるほうが、不思議です。

「モノを買う」とか「モノを売る」という行為は、もっとずっと複雑です。だからこそ、トヨタがわざわざ若草色や空色のクラウンを売り出したり（街を見渡してもおわかりの通り、たいして売れません）、ゴリラがドラムを叩く動画コンテンツでチョコレートの売上がアップしたりするのです。

そうでなくては、日本の、世界の、名だたる広告主たちは、みんな道楽で広告コミュニケーションを作っていることになってしまいます。そんなの、ありえると思いますか？

僕は、ありえないと思います。彼らは、知っているのです。

今この時だけを見て、「1回の広告を見て買ってもらおう」という視点で考えないほうが、結果的にモノを売ることができるということを。

ファンの活性化が、マーケティング・コミュニケーションの主要な目的に

◉実は、50年も前にDAGMARの法則が説かれている

「その広告で、いくら、売れるんだ?」という視点で作られた広告では、かえってモノが売れない。50年も前に、そう指摘した本があります。

マーケティング論や広告論の世界ではつとに有名です。

それは、1961年にR・H・コーレイ編で全米広告主協会から出版された『目標による広告管理』(八巻俊雄訳、ダイヤモンド社)です。広告目標を売上目標と区別して、ターゲットに期待するコミュニケーション効果として数値で設定することを提唱したもので、この考え方は原著の頭文字から〝DAGMAR(ダグマー)〟という名称で知られています。

この本は、要するに、いきなり「これで、いくら、売れるのか?」と考えずに、売るために知名度を上げることが必要であれば、知名度を上げるように広告を設計し、親しみ感を上げることで売上が上がると考えられるのであれば、親しみ感を上げるような広告を作ろう、という主張をしているのです。

〝売上を上げる広告〟といきなり考えずに、ターゲットがどう変わればいいのかを決めて、そのための広告を作ったほうが、結果として効果が高い、というわけです。

学者や理論が実業界の後追いになっているケースは、いくらでもあります。しかし、こと

DAGMARについて言えば、実業界のある種の態度は、50年前の学者と理論にさえも後れを取っている。僕にはそう思えてなりません。

◉中長期的な繁栄を目指すためのファンの活性化が、ひとつのキーになる

市場にモノやサービスが溢れている現代では、ペットボトルのお茶を選ぶにしても、正直、どのお茶だって、そこそこおいしい。

クルマを買う時だって、そんなひどい性能のクルマを日本では売っていません。シャンプーだって、たいてい汚れはよく落ちるし頭皮にいい成分も使っている。

声高に特徴を伝えて買ってもらおうとしても、あまり差がないので売れないのです。

そういう状況下では、マーケティングもブランディングも、中長期的な繁栄を目指します。今日売れたって明日売れなくては困るわけで、持続的な成長を目指すのが、まっとうな企業や情報の送り手には求められています。

その中でも、現在注目されているのは、〝ファンの活性化〟です。アメリカでは、ファンの中でも「おススメするファン」を〝ブランド・アドボケーツ〟と呼び、このブランド・アドボケーツを増やし活性化することの必要性が、盛んに説かれています。

日本では聞きなれないこのアドボケーツという言葉。

辞書で引くと、唱道者とか擁護者と出てきますが、ブランド・アドボケーツは、あるブランドのファンで、未使用者に自らの意志でおススメしてくれる人たちのこと。このおススメが、

結果的には、商品やモノの売上に大きく寄与すると考えられています。

◉KLMオランダ航空はファンの声に真摯に応えた

では、ファン活性化って、具体的にはどんなことをするのでしょうか。

〝おススメするファン＝ブランド・アドボケーツ〟の活性化施策としては、「あなたはこのブランドを友人・知人におススメしますか」といった質問を投げかけてブランド・アドボケーツを見つけ出し、その人たちが「おススメの発信」をしやすい場をウェブサイト上で設定する。ごく一般的に行われているのは、そういった施策です。

ここでは、〝ブランド・コミュニティ＝そのブランドをめぐるコミュニティ〟を活性化した事例を、紹介しましょう。

ひとつめは、**KLMオランダ航空の事例**。「DIGITAL SPARK MARKETING」という会社のウェブサイト上の英文記事を参考に、説明していきます。

この航空会社はさまざまなファン活性化施策で有名ですが、その中のいくつかを見てみましょう。

まずは、**KLMサプライズ。ツイッターやフォースクエア（223ページ参照）でKLM機でのフライトについて投稿した人に対して、その人の行き先や目的に合わせて、ちょっとしたサプライズギフトを職員が手渡す**というもの。

たとえば、恋人とニューヨークに向かうとツイートした人を空港で見つけて、現地用のガイ

新旧の広告戦略のポイントを比較してみた

New Style	Old Style
★ DAGMAR（ダグマー）にしたがって、売るための指標をまず設定。	☑ 売りに「直結」しない広告は、要らない、と考える。
★ 知名度アップとか親しみ感アップとかその指標を、広告の目的・目標にする。	☑ この広告で、いくら、売れるんだ？　とつねに直接的に問いかける。
★ 近年では、“ファンの活性化”が、コミュニケーションの主要な目的に。	☑ 売れるようにするためには、伝えたいことをとにかく強烈にメッセージせよ。
★ “おススメするファン＝ブランド・アドボケーツ“にも注目が集まる。	☑ スルーされないようにするには、とにかく目立つようにすることだ。
★ 送り手側は、ブランド・コミュニティのマネージャー役としてふるまう。	☑ 広告の受け手として想定するのは、ただ、自社商品を“買ってくれる”人だけ。

ドブックを手渡したり、カンファレンスに行くと投稿した人をつかまえてiPadのアプリを買えるクーポン券をあげたり、スポーツ好きな女性にナイキプラス対応の製品（運動計測器）をプレゼントしたり、といったサービスを実施しました。

このファン活性化策は大反響を呼び、ツイッターだけで１００万回の反応があったといいます。

さらに、**MEET & SEATという施策**も行われました。

これは**フェイスブックなどを通じて、同じ航空機に乗る一人旅の人同士を結びつけ、お互いに気に入れば、隣の席を手配する、というもの。**退屈な一人旅の〝シート・メイツ〟を見つけるお手伝いをＫＬＭが行いました。

また、**LISTENING to CUSTOMERSという施策**では、あるオランダ人映画関係者がツイートした、アムステルダム〜マイアミ間の直行便が無いことへの不満に対して具体的な反応を示します。

この映画関係者は特に２０１１年3月21日にマイアミで開催されるフェスティバルの時に直行便が欲しいとツイートしていました。

KLMは、もし前年の12月6日までに全席（３５１席）の予約が埋まるならば、その日に直行便を飛ばす、と表明。すると、なんと5時間で予約がいっぱいになったと言うことです。

ＫＬＭオランダ航空が、ファンの声に真摯に応えることが、茶目っ気のある形で、そして多くのファンを巻き込む形で表現された事例と言えるでしょう。

◉ファン交流サイトを立ち上げた、トヨタのスポーツカー「86（ハチロク）」

日本では、**トヨタの愛車自慢サイト「86　SOCIETY」の施策**が目につきます。

トヨタのウェブサイト、そしてFEED FORCEという会社のウェブサイトに記載された記事（2012/06/29）を見ながら、紹介して行きます。

トヨタの「86（ハチロク）」は、1983年～1987年に販売されていた伝説のスポーツカーAE86の精神を継承して2012年に発売された、トヨタのスポーツカー。

その精神とは、〝自分だけの1台を楽しみながら育てる〟というもので、〝「お客様とともに進化する」スポーツカー〟を目指しています。

この「86（ハチロク）」発売と同時に開設されたのが、ファン交流サイトである「86 SOCIETY」。そこには、次のような文章が掲げられています。

「掲示板」で86について語りあう。「メンバー」で同じドライブエリアの仲間と出会う。「リッジクエスト」で峠ドライブを楽しむ。「86　SOCIETY」は、スポーツカー好きが集い、気の合う仲間と盛り上がれる場所。オーナーもそうでない人も、86ファンみんなが集い、それぞれのやり方で気の合う仲間と盛り上がろう！

自分の趣味であるスポーツカーの話を周囲の友人知人に話しても、理解してもらえず共感もしてもらえない。〝コアな話題〟になると、友人は置いてけぼりで一人で話すはめになってしまう。

そういう経験を持つ人は多いようで、だからこそ、**オンライン上で趣味の話で盛り上がる仲間を見つけるためのファン交流サイトの立ち上げ**に、意味があるわけです。

このサイトには、「峠」というコーナーが設けられていて、「どこどこの峠のあのコーナーを86で走ると楽しい」といった、まさに〝コアな話題〟が繰り広げられています。

さらに掲示板では、86ファンそれぞれの車のウンチクや愛車自慢が行われ、ひとつの投稿に200以上の「いいね！」が付くなど、大変に盛り上がっています。

また、〝メンバー〟のコーナーでは、各メンバーのコメントが掲示されています。86オーナーであるメンバーのアイコンにはそれとわかるマークが付いているのですが、ざっと見たところ、半数くらいはオーナーではありません。

また、86に関するさまざまなコンテンツに対してFacebookの「いいね！」を押すと、カタログとして表示エリアが大きくなる〝ソーシャルカタログ〟という仕組みも導入。製品カタログの表示を消費者が決める、という発想もファン活性化の姿勢を示していますね。

また、オーナーではないけれどメンバー登録している人のプロフィール情報は、見込顧客の元データにもなり得るという、メーカー側のメリットも考えられます。

トヨタ86は、いわゆるマス広告をほとんど行わず、この「86　SOCIETY」を中心とした広告コミュニケーションを展開し、多くのファンを集め、活性化に成功しています。

まとめ

ファン活性化で広告効果を生み出すための3つのポイント

中長期的な売上のアップを考慮に入れれば、どのような商品・サービスにとっても、ファン活性化施策は無視できない要素でしょう。

読者のみなさんが担当する商品・サービスについて、ファン活性化施策を行おうとする際に気をつけていただきたいポイントを、3つにまとめてみました。

①顧客をただの〝買ってくれる人〟ではなく、「コミュニティの一員」と考える

ファン活性化施策を考える際の考え方や発想の仕方は、従来の広告を作る時の考え方と、まったく違います。商品のいいところを伝えて、「買ってもらう」ことに「直結した」結果を考えていたのでは、ファン活性化施策を行うことはできません。

消費者のことを、〝ただ商品を買ってくれる人〟ではなく、その商品・ブランドを巡るコミュニティ（ブランド・コミュニティと呼ばれます）の一員だととらえる必要があります。

ここでは、送り手の側は、そのブランド・コミュニティのマネージャーです。レストランのマネージャー（支配人）を思い浮かべてください。ブランド・コミュニティに属するメンバー（つまりは消費者です）が、いかに気持ちよくその商品／ブランドと関わ

っていけるかに気を配る。そんなマネージャー役に徹しましょう。

②〝おススメするファン〟が発言しやすい仕組みを作る

具体的には、ファン交流サイトを立ち上げてファン同士が語り合う場を提供し、そこの居心地の良さに気を配ります。

あるいは〝おススメするファン＝ブランド・アドボケーツ〟を見つけて、彼らが発信しやすい仕組みをウェブ上に作り、「おススメの発信」活性化に心を砕きましょう。

③一般人ではなくファンが喜ぶ〝コアな話題〟を仕込む

②のファン交流サイトや〝おススメするファン〟向けの施策を運営する時の心得は、従来の広告を作る時のマインドと大きく異なっています。従来の広告では、〝多くの人にわからない話題〟を大きく取り上げることは、ご法度でした。

〝一般人にわからない〟ことは、それだけでＮＧだったのです。

しかしここでは、それこそが大きな魅力の源泉になりえます。「86　SOCIETY」が「峠」を大きく取り上げているように、ファンが喜ぶ〝コアな話題〟をどんどん仕込んでいきましょう。

エピローグ

変化は、広告の「宿命」です。

50年ほど前に「広告の王様の座」が新聞広告からテレビCMに移った時も、多くの広告関係者は、さぞかし、とまどったことでしょう。

それまでずっと写真やイラストに、キャッチフレーズとボディコピーで頑張ってきたのに、急にテレビCM案を考えなければならない。あるいは、広告主として発注し評価しなければならない。音楽やら歌やらセリフ廻しやらギャグの入れ方やら、それまでにやったことのないことが洪水のように押し寄せてきたと想像できます。

それは、けっして小さな変化ではなく、「激変」と呼べるものだったでしょう。

そういった激変に遭遇することもまた、広告に携わる人の「宿命」なのだと思います。今はまさしく、そういう時代です。テレビCMが登場したようにウェブとソーシャルメディアが登場し、世界は一変しました。

しかし、激変に遭遇し巻き込まれる側の身になれば、それは、たまったものではありません。なんだか広告が効かない。いったいどうしたらいいのだろう？　そう思って頭を抱えている方も多いのではないでしょうか。

本書では、そんな「これからの広告」への対処法を教科書として提示しました。

教科書と言っても、小難しい内容ではなく、すぐにでも読者の方のビジネスに応用できるよう、思い切り実用的に作りました。

海外の先進的な事例はもちろん、日本で実施されている事例も豊富に紹介しています。さらに、架空の広告会議の様子を描写したり、具体的な手順の解説などで、読み物としても面白く読め、自然に頭に入るように配慮しました。

広告主の方々、広告会社のみなさんには、すぐにでもご自身のビジネスに活用いただければ幸いです。また、デジタル関連企業のみなさん、さまざまな業界の方々、広告に興味のある学生のみなさん、他にも現代のコミュニケーションに関心のある多くの方々にも読んでいただき、現代を生き抜くヒントを手に入れていただければと思います。

最後になりましたが、かんき出版編集部部長の大西啓之さんには、多くのアドバイスをいただきました。硬くなりがちな分析を「実践的」なものにできたのは大西さんのおかげです。また、「作家のエージェント」アップルシード・エージェンシーの宮原陽介さんには、いつものように企画段階から伴走いただきました。お二人に感謝します。

多くの情報を持ち、時に実践している広告界の仲間たち、そして、広告論についていろいろと刺激的な示唆をいただいている諸先生方にも、お礼を述べさせていただきます。また、ふだんお付き合いをいただいている多くの方々にも感謝です。

いつもいつも僕は、みなさんのおかげで、なんとか生きています。

著　者

参考文献

『企業戦略論〈上〉基本編 競争優位の構築と持続』
ジェイ・B・バーニー著　岡田正大訳　ダイヤモンド社

『新広告論』
亀井昭宏／疋田聰編著　日経広告研究所

『アカウント・プランニングが広告を変える』
ジョン・スティール著　丹治清子／牧口征弘／大久保智子訳　ダイヤモンド社

『広告革命 米国に吹き荒れるIMC旋風』
ドン・E・シュルツほか著　電通

『わかりやすい広告論』
石崎徹編著　八千代出版

『新しい広告』
嶋村和恵監修　電通

『「自分ごと」だと人は動く』
博報堂ＤＹグループエンゲージメント研究会著　ダイヤモンド社

『Trendology: Building an Advantage Through Data-Driven Real-Time Marketing』
クリス・カーンズ著　Palgrave Macmillan

『エピック・コンテンツマーケティング ～顧客を呼び込む最強コンテンツの教科書～』
ジョー・ピュリッジ著　郡司晶子ほか訳　日本経済新聞出版社

『～編集者のように考えよう～コンテンツマーケティング27の極意』
レベッカ・リーブ著　郡司晶子ほか訳　翔泳社

『目標による広告管理』
R・H・コーレイ編　八巻俊雄訳　ダイヤモンド社

『BRAND ADVOCATES』
ロブ・フュジェッタ著　John Wiley & Sons, Inc.

『現代広告論』
岸志津江／田中洋／嶋村和恵著　有斐閣

『アカウントプランニング思考』
小林保彦編著　日経広告研究所

『複製技術時代の芸術』
ヴァルター・ベンヤミン著　佐々木甚一編集解説　晶文社

『Authenticity』
J・H・ギルモア／B・J・パインⅡ著　Harvard Business School Press.

【著者紹介】

佐藤　達郎（さとう・たつろう）

◉——クリエイティブ・ディレクター。多摩美術大学教授（広告論、マーケティング論、メディア論）。

◉——1959年生まれ。一橋大学社会学部卒業後、アサツー・ディケイに入社。コピーライターからクリエイティブ・ディレクターに。その後、クリエイティブ計画局長、クリエイティブ戦略本部長を歴任。本部長時代には、約200名のクリエイティブ部門の人事・組織・研修・ビジョン策定を担当した。2004年には青山学院大学にてMBAを取得。その後、09年に博報堂DYに移籍し、エグゼクティブ・クリエイティブ・ディレクターを務める。

◉——広告マンとして、カンヌ国際広告祭、アジア・パシフィック広告祭（アドフェスト）、ACC賞など受賞歴も多数。04年にはカンヌ国際広告祭（現カンヌライオンズ）フィルム（テレビCM）部門日本代表審査員も務め、以来10年以上にわたって世界と日本の広告コミュニケーションのトレンドをウォッチしてきた、業界を代表する論客の一人。

◉——11年より多摩美術大学教授に就任。教壇に立つ傍ら、クリエイティブ・ディレクターとして執筆・講演・研修・企画・コンサルティング等でも活躍中。著書に『アイデアの選び方』（ＣＣＣメディアハウス）、『教えて！ カンヌ国際広告祭 広告というカタチを辞めた広告たち』（ＫＡＤＯＫＡＷＡ）、『自分を広告する技術』（講談社＋α新書）など多数。

著者エージェント　アップルシード・エージェンシー

「これからの広告《こうこく》」の教科書《きょうかしょ》　〈検印廃止〉

2015年 6 月 8 日　　第 1 刷発行
2016年 5 月 20日　　第 2 刷発行

著　者——佐藤　達郎©
発行者——齊藤　龍男
発行所——株式会社かんき出版
東京都千代田区麹町4-1-4 西脇ビル　〒102-0083
電話　営業部：03(3262)8011㈹　編集部：03(3262)8012㈹
FAX　03(3234)4421　　振替　00100-2-62304
http://www.kanki-pub.co.jp/

印刷所——大日本印刷株式会社

　ISBN978-4-7612-7095-7 C0034